萬卷樓：

蒙古太祖二十二年（一二二七），保州等處都元帥張柔從满城移軍保定後，修建蓮池。張柔的副帥賈輔於蒙古太宗八年（一二三六），在蓮池北面建成萬卷樓，並藏書萬卷。蒙古乃馬真后元年（一二四二），大學士郝經為此樓寫了《萬卷樓記》（《郝文公陵川文集》卷二十五），对萬卷樓的藏書情況及興建此樓的目的記述得很詳細。清雍正十一年（一七三三），直隸總督李衛奉旨創建「蓮池書院」，「萬卷樓」成為蓮池書院的藏書樓。

萬卷樓藏書碑記：

現藏於古蓮花池內的《萬卷樓藏書碑記》中，記載了當時萬卷樓所藏各類古籍文獻的詳細情況。

保定市圖書館古籍館藏：

保定市圖書館館藏古籍十三萬冊，善本一萬二千冊。收入《中國古籍善本書目》一百三十五種、二千一百四十二冊。入選《國家珍貴古籍名錄》十五種，二百八十四冊。館藏典籍多為元「萬卷樓」、清「蓮池書院」和「直隸圖書館」舊藏，亦有近現代文化仁人志士捐贈。二〇一〇年，保定市圖書館被國務院批準為「全國古籍重點保護單位」。

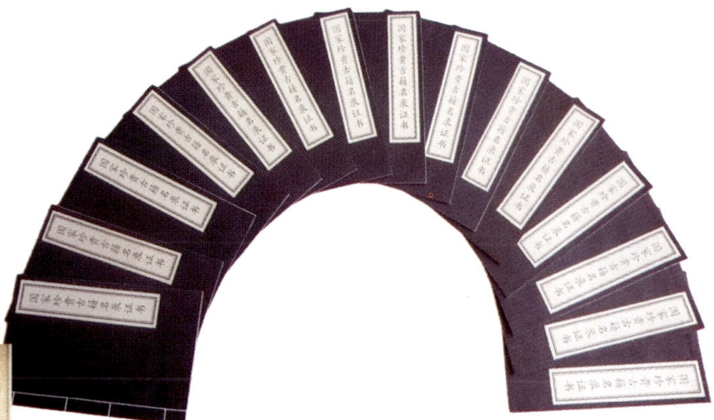

入選《國家珍貴古籍名錄》證書

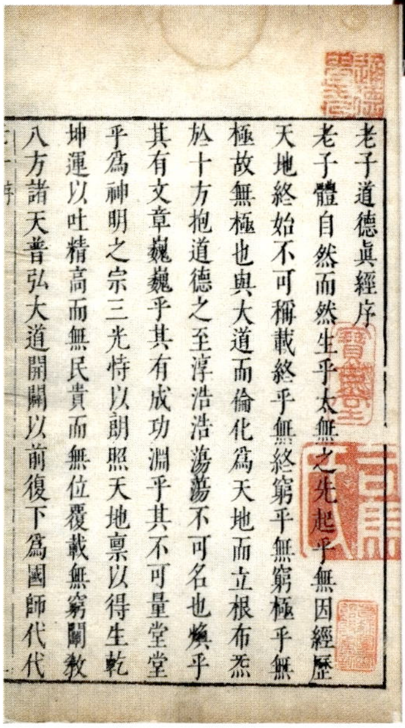
老子道德眞經序
老子體自然而然生乎太無之先起乎無因經歷天地終始不可稱載終乎無終窮乎無窮極乎無極故無極也與大道而倫化爲天地而立根布炁於十方抱道德之至淳浩浩蕩蕩不可名也煥乎其有文章巍巍乎其有成功淵乎其不可量堂堂乎爲神明之宗三光恃以朗照天地稟以得生乾坤運以吐精高而無民貴而無位覆載無窮闡教八方諸天普弘大道開闢以前復下爲國師代代

《三子合刊》十三卷：

（明）閔齊伋輯　明閔齊伋朱墨套印本　十六冊

入選《國家珍貴古籍名錄》。

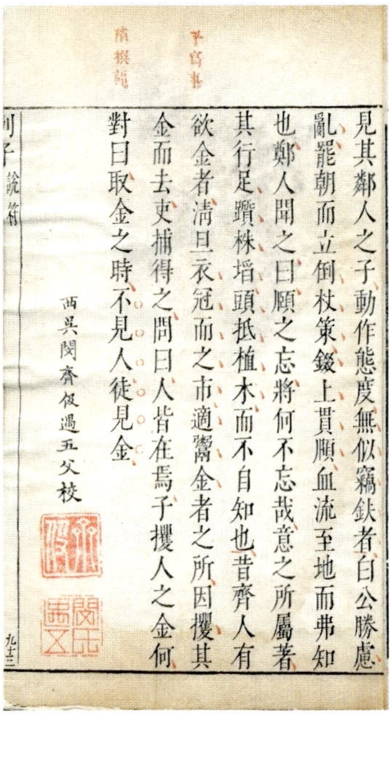
見其鄰人之子動作態度無似竊鈇者白公勝慮亂罷朝而立倒杖策錣上貫頤血流至地而弗知也鄭人聞之曰頤之忘將何不忘哉意之所屬著其行足躓株埳頭抵植木而不自知也昔齊人有欲金者清旦衣冠而之市適鬻金者之所因攫其金而去吏捕得之問曰人皆在焉子攫人之金何對曰取金之時不見人徒見金

西吳閔齊伋遇五父校

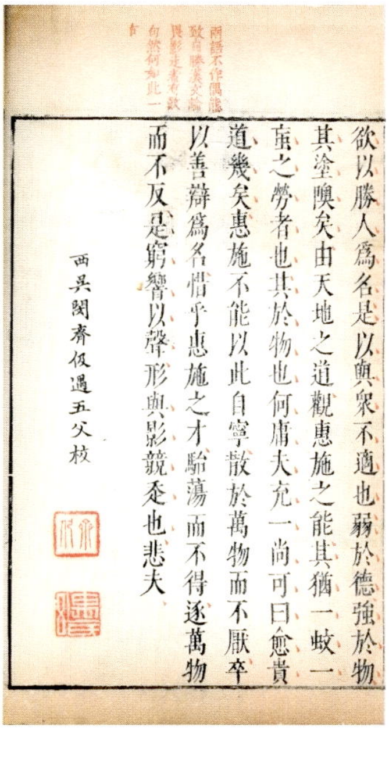
欲以勝人爲名是以與衆不適也弱於德強於物其塗隩矣由天地之道觀惠施之能其猶一蚊一蝱之勞者也其於物也何庸夫充一尚可曰愈貴道幾矣惠施不能以此自寧散於萬物而不厭卒以善辯爲名惜乎惠施之才駘蕩而不得逐萬物而不反是窮響以聲形與影競走也悲夫

西吳閔齊伋遇五父校

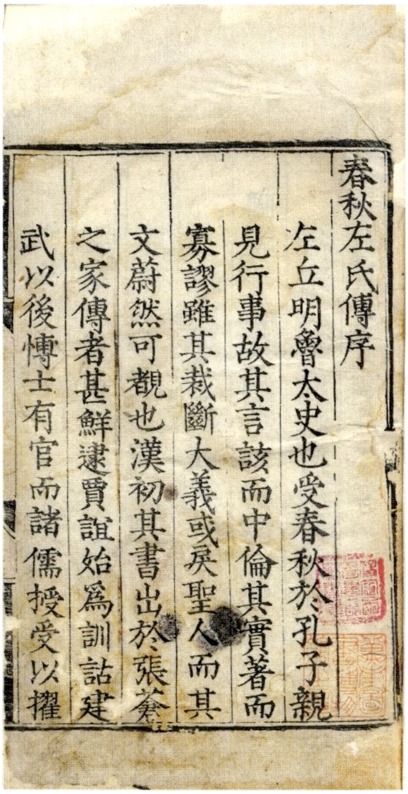
春秋左氏傳序

左丘明魯太史也受春秋於孔子親見行事故其言該而中倫其實著而寡謬雖其裁斷大義或戾聖人而其文蔚然可觀也漢初其書出於張蒼之家傳者甚鮮逮賈誼始爲訓詁建武以後博士有官而諸儒授受以擢

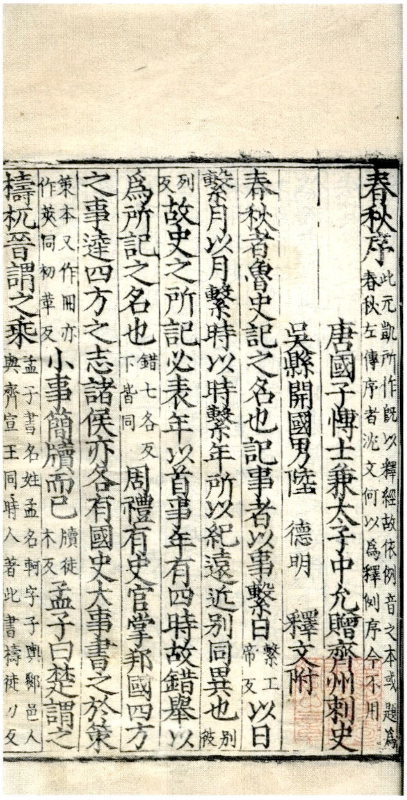
春秋序 此元凱所作既以釋經故依例音之本或題爲春秋左傳序者沈文何以爲釋例序今不用

唐國子博士兼太子中允贈齊州刺史吳縣開國男陸德明釋文附

春秋者魯史記之名也記事者以事繫日 繫工帝反 以日繫月以月繫時以時繫年所以紀遠近別同異也 別彼列反 故史之所記必表年以首事年有四時故錯舉以爲所記之名也 錯七各反下皆同 周禮有史官掌邦國四方之事達四方之志諸侯亦各有國史大事書之於策 策本又作冊亦作筴同初革反 小事簡牘而已 牘徒木反 孟子曰楚謂之檮杌晉謂之乘 孟子書名姓孟名軻字子輿鄒邑人與齊宣王同時入著此書檮徒刀反

《春秋左傳類解》二十卷 《地譜世系》一卷：

（明）劉績撰 明嘉靖七年（一五二八）崇藩寶賢堂刻本入選《國家珍貴古籍名錄》。

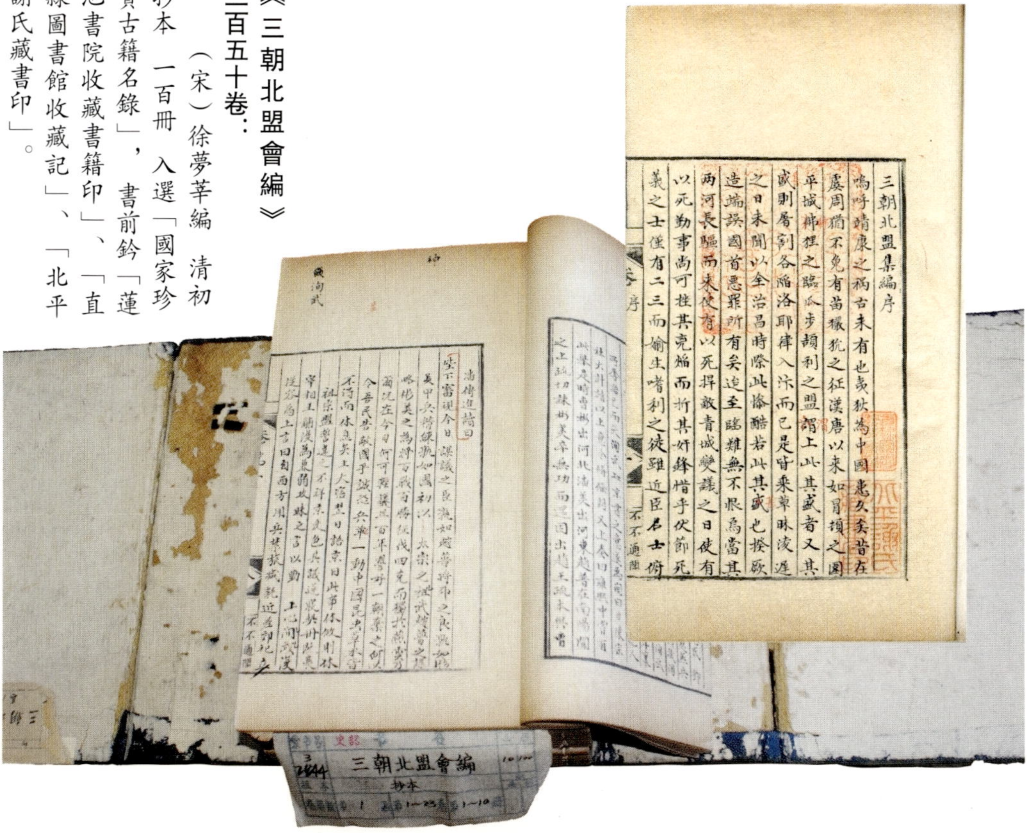

《三朝北盟會編》二百五十卷：

（宋）徐夢莘編 清初抄本 一百冊 入選「國家珍貴古籍名錄」，書前鈐「蓮池書院收藏書籍印」、「直隸圖書館收藏記」、「北平謝氏藏書印」。

《大明一統志》九十卷：

（明）李賢等纂修　明天順五年內府刻本　四十冊　入選《國家珍貴古籍名錄》。

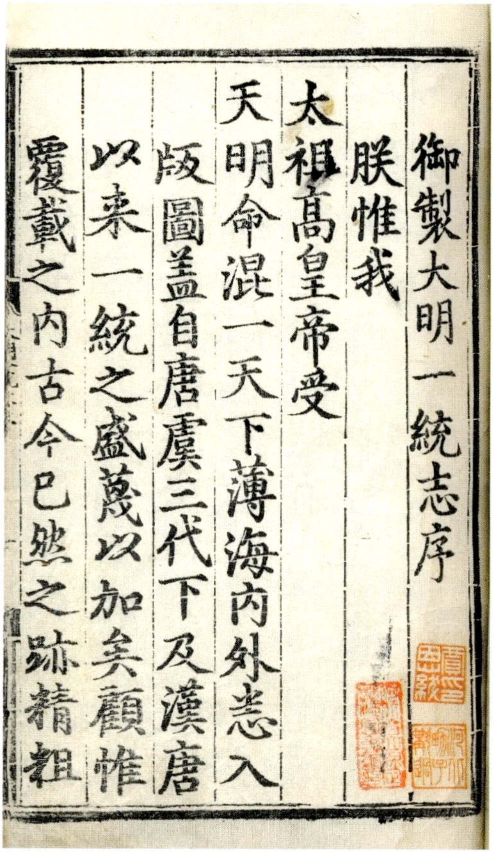
御製大明一統志序
朕惟我
太祖高皇帝受
天明命混一天下薄海內外悉入
版圖盖自唐虞三代下及漢唐
以來一統之盛蔑以加矣顧惟
覆載之內古今已然之跡精粗

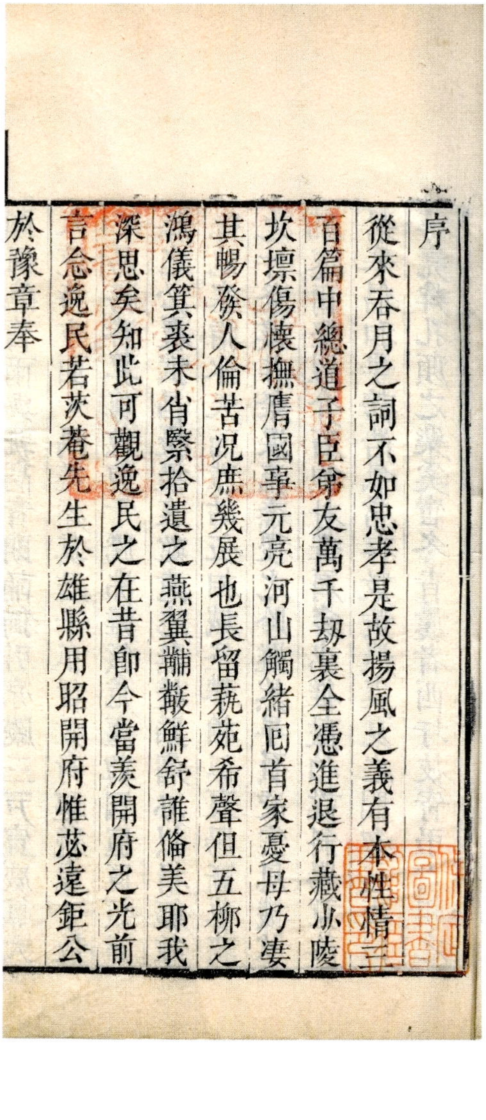
序
從來春月之詞不如忠孝是故揚風之義有本性情
百篇中總道子臣念友萬千刼裏全憑進退行藏小陵
坎壈傷懷撫膺國事元亮河山觸緒回首家憂母乃妻
其暢發人倫苦況庶幾展也長留蕤苑希聲但五柳之
鴻儀箕裘未肖繫拾遺之燕翼黼黻鮮舒誰倫美耶我
深思矣知此可觀逸民之在昔即今當羨開府之光前
言念逸民若茨菴先生於雄縣用昭開府惟蕊遠鉅公
於豫章奉

《畿輔七名家詩鈔》四十六卷：

（清）王企埥輯　清康熙刻本　十冊　書前鈐「蓮池書院收藏書籍印」、「直隸圖書館收藏記」。　此書係清初畿輔地區七位享有盛譽的才子和學者的詩集彙編。清康熙版四十六卷本堪稱稀見本。

館藏清代《王船山師友記》雕版版片

①

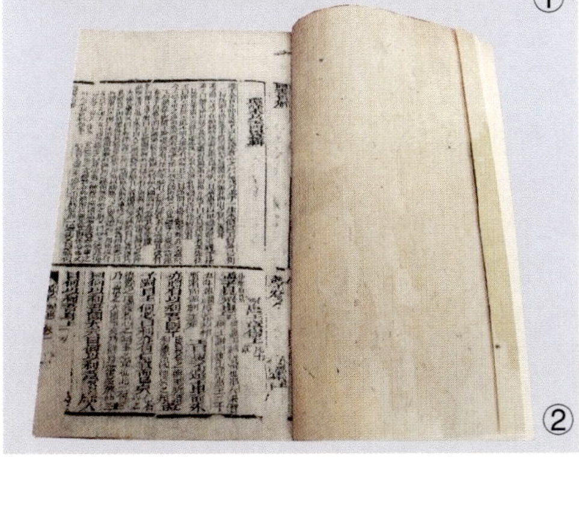

②

本館職工修復的古籍
①修復前
②修復後

保定市圖書館古籍善本書目

◎保定市圖書館 編

國家圖書館出版社

圖書在版編目（CIP）數據

保定市圖書館古籍善本書目／保定市圖書館編.—北京 ：國家圖書館出版社，2011.9

ISBN 978-7-5013-4668-4

Ⅰ.①保… Ⅱ.①保… Ⅲ.①保定市圖書館—古籍—善本—圖書目録 Ⅳ.①Z838

中國版本圖書館CIP數據核字（2011）第187647号

書　　名　**保定市圖書館古籍善本書目**

編　　者　保定市圖書館　編

責任編輯　王燕來

裝幀設計　九雅工作室

出　　版　國家圖書館出版社（100034 北京市西城區文津街7號）

發　　行　（010）66139745,66175620,66126153

66174391（傳真），66126156（門市部）

E-mail　cbs@nlc.gov.cn（投稿）

Website　www.nlcpress.com→投稿

經　　銷　新華書店

印　　刷　河北三河弘翰印務有限公司

開　　本　787×1092毫米　1/16

印　　張　23

版　　次　2011年9月第1版　2011年9月第1次印刷

書　　號　ISBN 978-7-5013-4668-4

定　　價　380.00圓

《保定市圖書館古籍善本書目》編委會

顧問

王福友　高　玉

編委主任

師建利

編委副主任

王大琳　孫彦君　孫進柱　萬進儒

主編

王大琳

編輯

齊東明　朱澤業　邵　菲　謝　鵬

前言

中華文化源遠流長，在人類歷史上具有舉世公認的重要地位和影響，其中很重要的原因，就是擁有浩瀚的古籍文獻。

保定文化底蘊深厚，是著名的歷史文化名城。保定藏書始成規模，當推賈輔（金祁州刺史，祁州蒲陰人）于蒙古太宗八年（一二三六）在蓮池北面建立的「萬卷樓」。蒙古乃馬真后元年（一二四二）郝經（元大學士、冀國公，祖籍澤州陵川，後遷居保定）撰寫《萬卷樓記》，贊「賈侯之書甲天下」。可見，當年「萬卷樓」藏書量之巨、影響之大非同一般。經元、明兩朝至清初，王朝更替，災禍頻仍，「萬卷樓」雖存，但藏書大部分散佚。

清雍正十一年（一七三三），直隸總督李衛奉旨創建直隸省最高學府「蓮池書院」，「萬卷樓」

成為蓮池書院的藏書樓。雍正、乾隆兩帝曾數度欽賜書籍，「萬卷樓」名聲重振。光緒二十六年（一九〇〇），八國聯軍攻佔北京，同年閏八月英、法、德、意聯軍南侵保定，燒殺搶掠，蓮池書院遭劫，「萬卷樓」藏書損失過半。

清光緒三十四年（一九〇八），直隸省提學使盧靖（清舉人，字木齋，湖北沔陽人）籌款建立直隸圖書館，館址位於蓮池内東部偏北。清宣統元年（一九〇九）十一月直隸圖書館建成開館，成為中國最早公共圖書館之一。館内收藏古籍約兩千餘種，十萬餘卷，大部分為原蓮池書院藏書。

民國十七年（一九二八），奉河北省教育廳訓令，直隸圖書館改名為「河北省立第二圖書館」。民國二十一年（一九三二），更名為「河北省立蓮池圖書館」。一九四八年十一月二十二日保定解放。同年十二月，在蓮池成立保定市民眾教育館（後改名為人民文化館），下設圖書組（部），管理圖書館事宜。一九五三年四月，在圖書部基礎上組建了「河北省圖書館」。一九五六年七月，保定市建立市屬圖書館。一九五八年，河北省省會遷往天津市。當年五月二十日，河北省圖書館與保定市圖書館合併，名稱為「保定市圖書館」，隸屬於保定市文化局。

目前，保定市圖書館館藏古籍十三萬冊，善本一萬二千冊。收入《中國古籍善本書目》一百三十五種、二千一百四十二冊。入選《國家珍貴古籍名錄》十五種，二百八十四冊。館藏典籍多為元「萬卷樓」、清「蓮池書院」和「直隸圖書館」舊藏，亦有近現代文化仁人志士捐贈。二〇一〇年，保定市圖書館被國務院批準為「全國古籍重點保護單位」。

隨著國家經濟繁榮，社會和諧發展，各級政府對古籍保護力度不斷加大。保定市圖書館在重視館藏典籍保護的同時，積極探索典藏為社會服務、為學術研究所用的途徑。鑒此，編纂《保定市圖書館古籍善本書目》，旨在奠定古籍科學保護之基石，力求典藏管理之規範，構建溝通學術淵藪與學術研究之津梁，這是歷史之使然、責任之使然。

《保定市圖書館古籍善本書目》是保定市圖書館出版的第一部館藏古籍檢索工具書。其編纂出版，匯聚了幾代從事古籍整理工作同仁的心血，得到了各級領導、各界朋友、同仁的支持。天津市圖書館古籍部李國慶先生在多方面給予了很大幫助；同時也得到了保定市蓮池博物館王雙喜先生、孫月女士的支持；保定市人民政府副市長孟祥偉先生多次蒞臨市圖書館，考察指導古籍保護工作；保定市文化局局長王福友先生對古籍保護工作，尤其對《保定市圖書館古籍善本書目》的編纂工作提出具體指導意見。在此，一併表示衷心的感謝。

由於編者水平有限，時間比較緊迫，著錄疏陋，考定訛舛，分類失當等在所難免，懇請讀者不吝賜正。

編　者

二〇一〇年五月

編例

一、本書目收錄范圍為保定市圖書館入藏的古籍善本，六百四十五種，六百九十部。

二、本書目收錄標準、著錄條例、古籍分類基本遵循《中國古籍善本書目》。收錄范圍視本館藏書情況適當放寬，個別類目略作調整。如小說家類入子部，小說類入集部。

三、各部類圖書的編排方法亦依據《中國古籍善本書目》。

四、同類目中的圖書，其順序按著者四角號碼排列。

五、本書目著錄包括書名、卷數、著者、版本、稽核、附注項及本館的索書號。叢書、合刻、匯印，以及各類中匯編之書詳列子目；殘缺不全者，按實存羅列子目；復本子目從略。

①書名項：書名以原書卷端所題為准，照錄原文。地方志在書名前著明纂修時代年號，加方括號標明；若原書名已冠有時代年號者，照原書名著錄，不加括號。卷數一律著明原書卷數，

原書卷數不清者，著□卷或□□卷；殘書在附注項後另行著録現存卷數和卷次。

②著者項：一般均著録其本名。著者本名無考或對所題著者有疑問者，照原題著録，在原題名前冠「題」字；著者無考或佚名者，著者項空缺。

③版本項：凡原書有刻抄印年代、地域、刻書機構及主持人或其他資料可考者，則詳細著録；無考者，只著録某朝刻本或抄本。凡著者手書或經著者手校、修訂之書，著録為稿本。有後人批校題跋或移録他人批校題跋者，一律於版本項後註明。

④稽核項：只著録實際所存冊數。

⑤附注項：著録一書之行格字數、邊欄、書口、刻書牌記、内封面所題刊刻年代及藏版地、刻工，以及書中較重要，能代表保定地方特色及反映其流傳情況之鈐章等。其中刻工，只著録「有刻工」，而不記刻工姓名。

六、每條款目下以經史子集叢開頭之號碼為館藏索書號。索書號下方標有「*」的藏書已入選《中國古籍善本書目》；標有「Z」的藏書已入選《國家珍貴古籍名錄》。

七、為便於檢索，本書目後附《書名索引》，依照《辭源》所附四角號碼檢字法排序。為方便不熟悉四角號碼的讀者使用，另附書名《索引字頭筆畫檢字表》、《索引字頭拼音檢字表》。

①《書名索引》依書名首字四角號碼排列，第一個字頭四角號碼相同，再按第二個字的四角號碼排列，依次類推。

②書名按原書所題全文照錄。凡有冠詞者，如欽定、敕修、御纂等字樣，以及小說書名前冗繁之冠稱，一律用括號標出，冠詞不在檢索範圍之內。

③同一書名連續排在二頁以上者，只列出首見頁碼。

④一書正集之後又有續集、別集、補遺者，按順序列出，不做檢索書名，而屬於並列性質的單獨著作，則另立書名檢索。

⑤書名相同而著者不同者，在書名後分別加括號註明著者姓名。

總目

經部

史部

子部

集部

保定市圖書館古籍善本書目

經部

總類

十三經註疏三百三十三卷　明崇禎元年至十二年毛氏汲古閣刻本　三十冊　九行字數不一小字雙行白口左右雙邊　書口鐫汲古閣　卷末鐫皇明崇禎改元九年十二年歲在著雍執徐古虞毛氏繡鐫

經0
4012

存六種一百一十二卷

周禮註疏四十二卷　漢鄭玄註　唐賈公彥疏　明崇禎元年刻本　存二十卷（二十三至四十二）

儀禮註疏十七卷　漢鄭玄註　唐賈公彥疏　明崇禎九年刻本　存八卷（十至十七）

禮記註疏六十三卷　漢鄭玄註　唐孔穎達疏　明崇禎十二年刻本　存三十三卷（一至七

二十八至三十一　四十二至六十三）

春秋左傳註疏六十卷　晉杜預註　唐孔穎達疏　明崇禎十一年刻本　存三十一卷（三十至六十）

孝經註疏九卷　宋邢昺等較定註疏　明崇禎二年刻本

爾雅註疏十一卷　晉郭璞註　宋邢昺疏　明崇禎元年刻本

經0
4094

御纂七經二百九十四卷　清李光地等撰　清康熙至乾隆間内府刻本　二百一十二冊　八行十八字十一行二十二字不等小字雙行同白口四周雙邊　鈐蓮池書院收藏書籍印　直隸圖書館收藏記

存七種二百八十三卷

御纂周易折中二十二卷首一卷　清李光地等撰

欽定書經傳說彙纂二十一卷首二卷書序一卷　清王頊齡等撰

欽定詩經傳說彙纂二十一卷首二卷詩序二卷　清王鴻緒等撰

欽定春秋傳說彙纂三十八卷首二卷　清王掞等撰

欽定周官義疏四十八卷首一卷　清允祿等撰　存三十八卷（十一至四十八）

欽定儀禮義疏四十八卷首二卷　清允祿等撰

欽定禮記義疏八十二卷首一卷　清允祿等撰

恕堂六經一百二十七卷

清恕堂刻五經四書本　三十二册　八行九行十七字小字雙行同白口四周雙邊　封面鐫恕堂藏板　目錄前鐫恕堂

經0
4690

重梓　鈐直隸圖書館收藏

存九種七十七卷

周易四卷　宋朱熹本義
孟子七卷　宋朱熹集註
大學一卷　宋朱熹章句
中庸一卷　宋朱熹章句
書經六卷　宋蔡沈集傳
詩經八卷　宋朱熹集傳
禮記十卷　元陳澔集說
論語十卷　宋朱熹集註
春秋胡傳三十卷　宋胡安國傳

經0
4748

郝氏九經解一百七十五卷 明郝敬撰 明萬曆四十三年至四十七年郝千秋郝千石刻本 五十八冊 十行二十字細黑口四周單邊 卷下端鐫男千秋千石校刻 卷末鐫時萬曆乙卯（丙辰、丁巳、戊午、己未）孟冬京山郝氏家刻 鈐蓮池書院收藏書籍印 直隸圖書館收藏記

存八種一百四十卷

尚書辨解十卷別解一卷 明萬曆四十三年刻
毛詩原解三十六卷讀詩一卷 明萬曆四十四年刻
春秋直解十五卷讀春秋一卷 明萬曆四十四年刻
禮記通解二十二卷讀禮記一卷 存九卷（一至八 讀禮記一）
儀禮節解十七卷讀儀禮一卷 明萬曆四十五年刻
周禮完解十二卷讀周禮一卷 明萬曆四十五年刻
論語詳解二十卷讀論語一卷 明萬曆四十六年刻
孟子說解十四卷讀孟子一卷 明萬曆四十七年刻

易 類

周易兼義九卷　唐孔穎達撰　明萬曆十四年北京國子監刻十三經註疏本　三冊　九行二十一字小字雙行同白口左右雙邊　經1 1017

易學四同八卷別錄四卷　明季本撰　明嘉靖四十年刻本　五冊　十行二十一字小字雙行同白口四周單邊　經1 2050

子夏易傳十一卷　春秋晉卜商撰　清照曠閣刻本　三冊　九行二十一字黑口左右雙邊　書口鐫照曠閣　經1 2300

存十卷　二至十一

御纂周易述義十卷　清傅恒等奉勅撰　清乾隆二十年刻本　六冊　八行二十字白口四周雙邊　經1 2391

周易傳義十卷　宋程頤　朱熹撰　上下篇義一卷　宋程頤撰　易圖集錄一卷　宋朱熹撰　易說綱領一卷　宋程頤　朱熹撰　明內府刻本　十冊　八行十四字十八字不等小字雙行三十六字大　經1 2671 *Z

黑口四周雙邊

易經揆一十四卷易學啟蒙補二卷　清梁錫璵撰　清乾隆十六年刻本　十冊　十行二十一字白口四周雙邊　經1 3381

易經揆一十四卷易學啟蒙補二卷　清梁錫璵撰　清乾隆十六年刻本　十冊　經1 3381 (2)

易經揆一十四卷易學啟蒙補二卷　清梁錫璵撰　清乾隆十六年刻本　十冊　鈐直隸圖書館收藏記　經1 3381 (3)

易經揆一十四卷易學啟蒙補二卷　清梁錫璵撰　清乾隆十六年刻本　十冊　經1 3381 (4)

周易傳註七卷附周易筮考一卷　清李塨撰　清康熙五十二年刻本　四冊　十一行二十四字白口左右雙邊　經1 4044

御纂周易折中二十二卷首一卷　清李光地等撰　清康熙五十四年內府刻本　十冊　八行十八字小字雙行二十二字白口四周雙邊　經1 4094

易原十六卷　清多隆阿撰　清末抄本慧珠閣原本　八冊　九行二十一字白口四周單邊　經1 5517

周易二卷　佚名批校　明刻本　四冊　九行十七字白口四周雙邊　經1 7760 *

書類

欽定書經傳說彙纂二十一卷首二卷書序一卷　清王頊齡等奉敕撰　清雍正八年內府刻本　二十四冊　八行十六字至二十二字或十六行二十二字白口四周雙邊　經2 1012

尚書後案三十卷後辨附一卷　清王鳴盛撰　清乾隆四十五年禮堂刻本　八冊　十四行三十字白口四周單邊　封面鐫乾隆　經2 1065

庚子秋鐫　禮堂藏版　鈐直隸圖書館收藏記

尚書註疏二十卷　漢孔安國撰　唐孔穎達疏　陸德明釋文　明萬曆十五年北京國子監刻十三經註疏本　五冊　九行二十一字小字雙行同白口左右雙邊　書口鐫萬曆十五年刊

存十六卷　一至十六

經2 1236

禹貢錐指二十卷圖一卷　清胡渭撰　清康熙四十四年漱六軒刻本　八冊　十一行二十一字小字雙行同白口左右雙邊　書口鐫漱六軒　鈐直隸圖書館收藏記

經2 4736

禹貢錐指二十卷圖一卷　清胡渭撰　清康熙四十四年漱六軒刻本　十二冊　書口鐫漱六軒　鈐直隸圖書館收藏記

經2 4736 (2)

增修東萊書説三十五卷圖説一卷　宋呂祖謙撰　時瀾修定　清通志堂刻本　八冊　十一行二十字白口左右雙

經2 6030

邊　書口鐫通志堂　有刻工　鈐直隸圖書館收藏記

尚書大傳註四卷　漢鄭玄撰　尚書大傳補遺一卷續補遺一卷　清盧文弨撰　清乾隆二十一年盧見曾刻雅雨堂叢書本　一冊　十行二十一字白口四周單邊　書口鐫雅雨堂　經 2 8700

考異一卷

詩類

批點詩經振雅六卷　明張元芳　魏浣初撰　明版築居刻朱墨套印本　四冊　八行十四字白口四周單邊　卷端鐫批點詩經振雅　封面鐫毛詩振雅　經 3 1114 *

張君一先生毛詩微言二十卷　明張以誠撰　明萬曆刻本　八冊　十行二十四字白口四周單邊　書口鐫雲間張美刻　鈐蓮池書院收藏書籍印　直隸圖書館收藏記　經 3 1120 *

詩經世本古義二十八卷首一卷末一卷　明何楷撰　明崇禎十四年刻本　三十二冊　九行二十字白　經 3 2142

口小字雙行四周單邊　鈐蓮池書院收藏書籍印　直隸圖書館收藏記

經3 4041 **李迂仲黄實夫毛詩集解四十二卷圖說總論一卷**　宋李樗　黄櫄撰　李泳校正　呂祖謙釋音　清通志堂刻本　十冊　十一行二十字白口左右雙邊　書口鐫通志堂　有刻工　鈐直隸圖書館收藏記

經3 4458 **潁濱先生詩集傳十九卷**　宋蘇轍撰　明刻本　一冊　十行二十一字白口左右雙邊　鈐直隸圖書館收藏記

經3 6627 * **詩緝三十六卷**　宋嚴粲撰　明嘉靖趙府味經堂刻本　十二冊　九行十八字小字雙行同白口四周雙邊　書口鐫味經堂　鈐蓮池書院收藏書籍印　直隸圖書館收藏記

禮類

大戴禮記十三卷　漢戴德撰　明萬曆蔡文範校刻本　二冊　十行二十字白口左右雙邊　鈐蓮池書院收藏書籍印　直隸圖書館收藏記　經 43 4324 *

三禮纂註四十九卷　明貢汝成撰　明萬曆三年陳俊刻本　三十八冊　八行十八字小字雙行白口左右雙邊　經 44 1035

存三十八卷　一至七　九至二十九　三十下　三十七下至四十五　四十九下

樂類

苑洛志樂十三卷　明韓邦奇撰　清康熙二十二年吳氏刻本　八冊　十行十九字二十字不等小字雙行白口四周單邊　封面鐫淮南吳謙菴重梓　經 5 4454

春秋類

經6 4411 春秋經傳集解三十卷年表一卷 晉杜預撰 唐陸德明釋文 春秋名號歸一圖二卷 蜀馮繼先撰 清乾隆四十八年武英殿仿宋刻本 八冊 八行十七字小字雙行白口四周雙邊 書口鐫乾隆四十八年武英殿仿宋本 鈐蓮池書院收藏書籍印 直隸圖書館收藏記 存十四卷 一至十四

經60 7702 春秋公羊傳十二卷春秋穀梁傳十二卷 明閔齊伋裁注 春秋公羊傳攷一卷春秋穀梁傳攷一卷 明閔齊伋撰 明天啓元年自刻套印本 八冊 九行十九字小字雙行同白口四周單邊 各卷末鐫皇明天啓元年春正月烏程閔齊伋遇五父裁註

經61 1280 * 春秋左傳十五卷 明孫鑛批點 明萬曆四十四年閔齊伋刻朱墨套印本 十二冊 九行十九字白口四周單邊 每卷末鐫萬曆丙辰夏吳興閔齊華閔齊伋閔象泰分次經傳

春秋左傳註評測義七十卷春秋左傳世系譜一卷春秋左傳名號異稱便覽一卷春秋左傳地名配古籍一卷春秋列國東坡圖說一卷引用書目一卷姓氏一卷總評一卷 明凌稚隆撰 明萬曆十六年刻本 二十冊 十行二十字小字雙行同白口左右雙邊 有刻工 經61 3427 *

春秋左傳類解二十卷地譜世系一卷 明劉績撰 明嘉靖七年崇藩寶賢堂刻本 十冊 十行二十字小字雙行黑口四周雙邊 前序後鐫希玄子書於寶賢堂 崇國圖書 經61 7225 *Z

春秋大事表五十卷輿圖一卷附錄一卷 清顧棟高撰 清乾隆十七年萬卷樓刻本 十六冊 十一行二十五字白口四周單邊 封面鐫乾隆十三年萬卷樓新鐫 春秋輿圖封面鐫乾隆十四年新鐫書口鐫萬卷樓 鈐蓮池書院收藏書籍印 經64 3140

春秋大事表五十卷輿圖一卷附錄一卷 清顧棟高撰 清乾隆十七年萬卷樓刻本 十八冊 封面鐫乾 經64 3140 (2)

隆十三年萬卷樓新鐫　春秋輿圖封面鐫乾隆十四年新鐫　書口鐫萬卷樓　鈐直隸圖書館收藏記

經64 4428 **春秋繁露十七卷附錄一卷附刻三卷** 漢董仲舒撰　明孫鑛等評　清康熙二十八年重刻本　五冊　九行二十字白口四周單邊

經64 4700 * **春秋集傳大全三十七卷序論一卷春秋二十國年表一卷諸國興廢說一卷春秋列國東坡圖說一卷東坡指掌春秋列國圖一卷** 明胡廣等輯　明內府刻本　十八冊　十行二十二字小字雙行黑口四周雙邊　鈐直隸圖書館收藏記

孝經類

經7 6023 **孝經大全二十八卷首一卷表一卷** 明呂維祺撰　清康熙七年刻本　五冊　九行十七字白口左右雙邊

四書類

論語集説十卷 宋蔡節撰 清刻本 十册 十行十八字小字雙行同白口左右雙邊 鈐蓮池書院收藏書籍印 直隸圖書館收藏記 河北省立保定蓮池圖書館印

經81
4488

四書朱子異同條辨四十卷 清李沛霖 李禎撰 清康熙近譬堂刻本 五十册 九行二十一字小字雙行同白口左右雙邊 書口鐫近譬堂藏板

四書朱子異同條辨大學三卷
四書朱子異同條辨中庸三卷
四書朱子異同條辨論語二十卷
四書朱子異同條辨孟子十四卷

經85
4031

四書集註大全三十六卷 明胡廣等輯 明刻本 二十四册 十行二十二字小字雙行同黑口四周雙邊 鈐直隸圖書館收藏記 河北省立保

經85
4700
*

大學章句大全一卷
中庸章句大全一卷
論語集註大全二十卷
孟子集註大全十四卷

定蓮池圖書館印

四書講義困勉録三十七卷四書講義續困勉録六卷 清陸隴其纂輯 清

康熙三十八年嘉會堂刻本 二十册 十二行二十二字黑口左右雙邊 封面鐫嘉會堂藏版 寶翰樓梓行

大學講義困勉録一卷
中庸講義困勉録二卷
論語講義困勉録二十卷
孟子講義困勉録十四卷
四書講義續困勉録六卷

羣經總義類

重訂六經疑問七十一卷

明姚舜牧撰　明萬曆間六經堂刻清順治十三年姚淳起校補本　二十一册　十行二十字白口四周單邊　封面鐫六經堂藏板　鈐蓮池書院收藏書籍印　直隸圖書館收藏記

經 91
4222

存五種五十九卷

重訂四書疑問十一卷
重訂詩經疑問十二卷
重訂禮記疑問十二卷
重訂書經疑問十二卷
春秋疑問十二卷

六經圖六卷

宋楊甲撰　毛邦翰補　清王皜輯　清乾隆五年刻本　六册　十行二十字小字雙行同白口四周單邊

經 91
4660

小學類

爾雅音圖三卷

晉郭璞註　清道光二十九年影宋繪圖本重摹本　三册　十二行二十字小字雙行同黑口四周雙邊

經 921 0713

五雅全書五種四十一卷

明郎奎金輯　明武林堂策檻刻本　六册　九行二十字小字雙行同白口四周單邊　書鐫堂策檻

爾雅二卷　晉郭璞注

小爾雅一卷　漢孔鮒撰　宋咸注

逸雅八卷　漢劉熙撰

廣雅十卷　魏張揖撰　隋曹憲音釋

埤雅二十卷　宋陸佃撰

經 921 3748

說文解字三十卷

漢許慎撰　宋徐鉉校定　清毛氏汲古閣刻本　八册　七行大小字不等白口左右雙邊　封面鐫北宋本校刊　說文真本　汲古閣藏版　十

經 922 0894

五卷後鐫後學毛晉從宋本校刊

說文解字三十卷　漢許慎撰　宋徐鉉校定　清初毛氏汲古閣刻本　十冊　七行大小字不等白口左右雙邊　封面鐫北宋本校刊說文真本汲古閣藏版　十五卷後鐫後學毛晉從宋本校刊

經922 0894=2

康熙字典十二集三十六卷總目一卷檢字一卷辨似一卷等韻一卷補遺一卷備考一卷　清張玉書　凌紹雯等纂修　清康熙五十五年內府刻本　四十冊　八行大字不等小字雙行二十四字白口四周雙邊　鈐河北省立保定蓮池圖書館印

經922 1115

正字通十二集三十六卷舊本首一卷　明張自烈撰　廖文英輯　清康熙十年弘文書院刻本　三十二冊　八行十二字小字雙行二十四字白口四周雙邊　封面鐫新鐫廖百子先生輯弘文書院藏板　書口鐫弘文書院

經922 1121

六書分類十二卷首一卷　清傳世垚撰　清康熙四十四年聽松閣刻本　十六冊　八行字數不等白口四周單邊　封面鐫寶仁堂藏板　書口鐫

經922 2344

聽松閣

六書分類十二卷首一卷　清傅世垚撰　清康熙年間聽松閣刻本　八冊　八行字數不等白口四周單邊　封面鐫寶仁堂藏板　書口鐫聽松閣

經922
2344=2

存七卷　一至六　首一

六書精蘊六卷　明魏校撰　**音釋舉要一卷**　明徐官撰　明嘉靖十九年魏希明刻本　六冊　五行大小字不等小字雙行同細黑口左右雙邊

經922
2640
*

六書精蘊六卷　明魏校撰　**音釋舉要一卷**　明徐官撰　明嘉靖十九年魏希明刻本　六冊

經922
2640
(2)

增訂金壺字考十九卷　宋釋適之撰　清田朝恆增訂　**金壺字考二集二十一卷**

經922
3030

補錄一卷補註一卷 清田朝恆續編 清乾隆二十七年貽安堂刻本 四冊 八行小字雙行三十二字白口左右雙邊 封面鐫貽安堂藏板

重刊許氏說文解字五音韻譜十二卷 宋李燾撰 明天啓七年世裕堂刻本 十二冊 七行十四字小字雙行二十字白口左右雙邊 封面鐫梅墅竹韻居較梓 經 922 4040 *

廣金石韻府五卷 清林尚葵撰 清康熙九年周亮工賴古堂刻朱墨套印本 六冊 六行十二字小字雙行二十四字白口四周單邊 封面鐫大業堂藏板 鈐蓮池書院收藏書籍印 直隸圖書館收藏記 河北省立保定蓮池圖書館印 經 922 4494

隸韻十卷考證二卷碑目一卷 宋劉球撰 清嘉慶十五年秦恩復刻本 六冊 五行大字不等小字雙行字數不等白口四周單邊 經 922 7213

六書通十卷 清閔齊伋撰 清康熙五十九年基聞堂刻本 六冊 八行大字不等小字雙行字數不等白口四周雙邊 封面鐫基聞堂纂訂 經 922 7702

六書通十卷　清閔齊伋撰　清乾隆六十年刻本　五冊　八行十二字小字雙行二十四字白口四周雙邊　經922 7702=2

六書通十卷　清閔齊伋撰　清乾隆六十年刻本　八冊　經922 7702=2 (2)

六書正譌五卷　元周伯琦撰　明胡正言訂　明十竹齋刻本　五冊　五行十八字白口四周單邊　書口鐫十竹齋　封面鐫古香閣藏板　經922 7721

六書正譌五卷　元周伯琦撰　明胡正言訂　明十竹齋刻本　四冊　書口鐫十竹齋　封面鐫古香閣藏板　經922 7721 (2)

韻學五卷　清王植撰　清雍正八年刻本　五冊　十二行二十五字小字雙行同白口四周單邊　經923 1044 *

羣經音辨七卷　宋賈昌朝撰　清抄本　三冊　八行十四字十五字不等小字雙行字數不等白口無邊欄　經923 1064

音學五書三十八卷附答李子德書一卷 清顧炎武撰　清康熙六年張弨符山堂刻本　二十冊　八行十二字小字雙行二十四字白口左右雙邊　封面鐫符山堂藏板　鈐蓮池書院收藏書籍印　直隸圖書館收藏記　經923 3191

音論三卷

詩本音十卷

易音三卷

唐韻正二十卷

古音表二卷

新編篇韻貫珠集八卷直指玉鑰匙門法一卷 明釋真空撰　明正德十一年金臺衍法寺釋覺恒刻本　一冊　十行大小字不等黑口四周雙邊　鈐蓮池書院收藏書籍印　直隸圖書館收藏記　經923 4030

音韻闡微十八卷 清李光地等撰　清雍正六年内府刻本　八冊　八行大字不等小字雙行二十四字白口四周雙邊　鈐直隸圖書館收藏記　經923 4094

大明成化丁亥重刊改併五音類聚四聲篇十五卷 金韓道昭撰　經923 4436 *

新編經史正音切韻指南一卷 元劉鑑撰 **新增篇韻拾遺併藏經字義附等韻指掌圖一卷** 明成化七年金臺大隆福寺釋文儒募刻本　六冊　十行字數不一黑口四周雙邊　鈐蓮池書院收藏書籍印　直隸圖書館收藏記

大明正德乙亥重刊改併五音類聚四聲篇十五卷 金韓道昭撰　明正德十五年金臺衍法寺釋覺恒募刻本　十冊　十行字數不一黑口四周雙邊　鈐蓮池書院收藏書籍印　直隸圖書館收藏記

經923
4436=2
*

大明正德乙亥重刊改併五音集韻十五卷 金韓道昭改併重編　明正德十一年刻本　十冊　十行大字不等小字雙行三十二字黑口四周雙邊　書後鐫大明正德乙亥春日重刊五音集韻至丙子孟秋吉日完　鈐蓮池書院收藏書籍印　直隸圖書館收藏記

經923
4436=3
*

大明成化庚寅重刊改併五音集韻十五卷 金韓道昭改併重編　明成化刻本　八冊　十行大字

經923
4436=4

不等小字雙行三十二字白口四周雙邊

存八卷　一至四　九　十二至十四

毛詩古音攷四卷附讀詩拙言一卷屈宋古音義三卷　明陳第撰　清末武昌張氏校刻本　六冊　十行二十一字小字雙行同白口四周雙邊　封面鐫武昌張氏校刊

毛詩古音攷四卷附讀詩拙言一卷 屈宋古音義三卷

（明）陳第撰

[illegible]刻本　八冊　十行二十一字小字雙行同白口四周單邊　[illegible]

存八卷（一至四　九　十二至十四）

[illegible]小字雙行二十二字白口四周單邊

史部

紀傳類

二十一史二千五百五十九卷

明萬曆中北京國子監刻本　四十二册　十行二十一字小字雙行同白口左右雙邊　書口鐫萬曆年刊

史1
1041

存二百二十卷

史記一百三十卷　漢司馬遷撰　劉宋裴駰集解　唐司馬貞索隱　唐張守節正義　北監本萬曆二十六年刊　存六十二卷（六十九至一百三十）

陳書三十六卷　唐姚思廉撰　北監本萬曆十六年刊

魏書一百十四卷　北齊魏收撰　北監本萬曆二十四年刊　存十九卷（五十五至六十七　七

十七至八十　一百零五至一百零六）

北齊書五十卷　唐李百藥撰　北監本萬曆三十四年刊

唐書二百二十五卷　宋歐陽修　宋宋祁等撰　釋音二十五卷　宋董衝撰　北監本萬曆二十三年刊　存二十三卷（七十至九十二）

宋史四百九十六卷　元脱脱等撰　北監本萬曆二十七年刊　存三十卷（七十五至一百零四）

十七史一千五百七十四卷

明毛晉編　明崇禎至清順治間琴川毛氏汲古閣刻本　六十五册　十二行二十五字小字雙行三十七字白口左右雙邊　卷首卷末均鐫汲古閣毛氏正本

存三百零四卷

晉書一百三十卷　唐太宗撰　存七十三卷（二十九至六十　九十至一百三十）

宋書一百卷　梁沈約撰　存三十七卷（一至三十七）

魏書一百十四卷　北齊魏收撰　存一百零二卷（一至一百零二）

北齊書五十卷　唐李百藥撰

唐書二百二十五卷　宋歐陽修　宋宋祁等撰　存四十二卷（一至四十二）

弘簡錄二百五十四卷　明邵經邦撰　清邵遠平校閱　清康熙二十七年刻本　三十二冊　十二行二十四字白口四周單邊　鈐蓮池書院書籍收藏印
史11
1725

弘簡錄二百五十四卷　明邵經邦撰　清邵遠平校閱　清乾隆重刻本　五十八冊　十二行二十四字白口四周單邊　鈐直隸圖書館收藏記
存一百二十卷　一至五十五　八十七至一百一十七　一百五十一至一百八十四
史11
1725=2

續弘簡錄元史類編四十二卷　清邵遠平撰　清康熙四十五年刻本　十四冊　十二行二十四字小字雙行同白口四周單邊　鈐蓮池書院收藏書籍印　直隸圖書館收藏記
史11
1731

續弘簡錄元史類編四十二卷　清邵遠平撰　清康熙四十五年刻本　十六冊　鈐直隸圖書館收藏記
史11
1731
(2)

史記一百三十卷　漢司馬遷撰　劉宋裴駰集解　唐司馬貞索隱　張守節正義　明萬曆二十四年南京國子監刻明清遞修本　二十四冊　十行二十一字小字
史11
1773

雙行同白口左右雙邊　上書口間鐫萬曆二十四年刊、順治十五年刊、順治十六年刊、康熙三十九年刊、乾隆四年校刊

欽定續通志六百四十卷　清嵇璜　曹仁虎等纂修　清乾隆武英殿刻本　一百六十四冊　九行二十一字小字雙行同白口四周雙邊　鈐蓮池書院收藏書籍印　直隸圖書館收藏記　史11 2314

史記評林一百三十卷補史記一卷讀史總評一卷附史記短長說一卷　明凌稚隆輯　李光縉增補　明萬曆年凌稚隆刻本　二十一冊　十行十九字小字雙行同白口左右雙邊　卷末鐫種德堂熊氏增補繡梓行　鈐直隸圖書館收藏記　史11 3427

東都事略一百三十卷　宋王稱撰　清寶華堂仿宋眉山程氏刻本（清佚名校）　十六冊　十二行二十四字細黑口左右雙邊　封面鐫宋人原本寶華堂梓行　史12 1022

明史三百三十二卷目錄四卷　清張廷玉等撰　清乾隆刻本　一百一十二冊　十行二十一字白口左右雙邊　史12 1111

前漢書一百卷 漢班固撰 唐顏師古注 明張邦奇 江汝壁校 明萬曆十年南京國子監刻明清遞修本 三十二冊 十行二十一字小字雙行同白口四周雙邊 書口鐫嘉靖八年刊、崇禎七年刊、順治十六年刊、康熙三十九年刊等

史12 1160

明書一百七十一卷 清傅維鱗撰 清康熙三十四年本誠堂刻本 四十八冊 十行二十二字白口四周雙邊 封面鐫靈壽傅少保著本誠堂藏板 鈐直隸圖書館收藏記

史12 2322

魏書一百十四卷 北齊魏收撰 明萬曆二十四年南京國子監刻明清遞修本 三十二冊 十行二十一字細黑口左右雙邊 書口鐫萬曆二十四年刊、順治十六年刊、康熙二十年補刊、康熙三十九年刊

史12 2628

隋書八十五卷 唐魏徵等撰 明萬曆二十二年南京國子監刻明清遞修本 二十四冊 九行十八字細黑口四周雙邊 書口鐫萬曆二十二年刊、萬曆二十三年刊、順治十五年刊

史12 2628

班馬異同三十五卷 宋倪思撰 劉辰翁評點 明刻本 四冊 九行二十字小字單行同白口四周單邊 封面鐫劉須溪評點 小築藏板 鈐直隸圖書

史12 2760

館收藏記

晉書一百三十卷 唐房玄齡等撰 **音義三卷** 唐何超撰 明萬曆十年南京國子監刻明清遞修本 三十六册 十行二十字白口左右雙邊 書口鐫嘉靖戊午年、萬曆三年國子監刊、萬曆四年國子監刊、萬曆五年刊、萬曆十年補刊、順治十六年刊、康熙三十九年刊、嘉靖十年補刊、萬曆七年、康熙二十年補刊、崇禎七年刊、天啓二年刊、康熙五年刊、正德十年 史12 3002

元史二百十卷目録二卷 明宋濂等撰 明洪武三年内府刻嘉靖萬曆遞修本 五十二册 十行二十字白口四周雙邊 書口鐫萬曆二十六年刊、嘉靖九年補刊、嘉靖十年刊、萬曆四十五年、天啓三年刊、崇禎七年刊、順治十六年刊、康熙三十九年刊等 史12 3030

宋書一百卷 梁沈約撰 明萬曆二十二年南京國子監刻明清遞修本 三十二册 九行十八字細黑口四周雙邊 書口鐫萬曆二十二年刊、順治十六年刊、康熙三十九年刊 史12 3427

北史一百卷 唐李延壽撰 明萬曆二十一年南京國子監刻明清遞修本 四十二册 九行十八字細黑口四周雙邊 書口鐫萬曆十六年刊、萬曆十九年刊、順治十六年 史12 4014

刊、萬曆二十一年刊

南史八十卷 唐李延壽撰 明萬曆十九年南京國子監刻明清遞修本 二十六冊 九行十八字白口四周雙邊 書口鐫萬曆十七年刊、萬曆十八年刊、萬曆十九年刊、崇禎十一年補、順治十五年刊、順治十六年刊、萬曆十年刊 史12 4014

北齊書五十卷 隋李百藥撰 明萬曆十六年南京國子監刻明清遞修本 八冊 九行十八字白口四周雙邊 書口鐫萬曆十六年刊、萬曆十七年刊、順治十六年刊、康熙三十九年刊 史12 4014

陳書三十六卷 唐姚思廉撰 明萬曆十六年南京國子監刻明清遞修本 六冊 九行十八字細黑口四周雙邊 書口鐫萬曆十六年刊、順治十六年刊 史12 4260

梁書五十六卷 唐姚思廉撰 明萬曆二年南京國子監刻明清遞修本 八冊 十行二十一字白口四周雙邊 書口鐫萬曆二年刊、萬曆三年刊、順治十五年刊、順治十六年刊、康熙二十九年刊、康熙三十九年刊 史12 4260

南齊書五十九卷 梁蕭子顯撰 明萬曆十八年南京國子監刻明清遞修本 十二冊 九行十八字細黑口四周雙邊 書口鐫萬曆十六刊、萬曆十七年刊、崇 史12 4416

禎七年刊、順治十六年刊、康熙三十九年刊

後漢書九十卷　劉宋范曄撰　唐李賢注　明黃儒炳　葉燦修　後漢書志三十卷　晉司馬彪撰　梁劉昭注補　明黃儒炳　葉燦修　明天啓三年南京國子監重修明清遞修本　二十四冊　十行二十一字小字雙行同白口四周雙邊　書口鐫嘉靖八年刊、萬曆二十六年刊、天啓二年刊、崇禎三年刊、順治十五年刊、康熙二十六年補刊等　史12 4464

舊五代史一百五十卷目錄二卷　宋薛居正等撰　清乾隆四十年刻武英殿聚珍本　十六冊　十二行二十五字小字雙行三十七字白口左右雙邊　史12 4471

三國志六十五卷　晉陳壽撰　明萬曆二十四年南京國子監刻明清遞修本　十六冊　十二行二十三字白口左右雙邊　書口鐫萬曆二十四年刊、順治十六年刊、康熙三十九年刊　史12 7540

魏書三十卷

蜀書十五卷

吳書二十卷

唐書二百二十五卷

宋歐陽修撰　明萬曆二十三年重刻本　二十冊　十行二十一字白口左右雙邊　書口鐫萬曆二十三年刊　史12 7772

存七十四卷　一至七十四

唐書二百二十五卷　宋歐陽修撰　釋音二十五卷

宋董衡撰　明刻清遞修本　五十二冊　十行二十二字細黑口四周雙邊　書口鐫嘉靖八年補刊、萬曆三十七年刊、天啓二年刊等　史12 7772=2

五代史記七十四卷

宋歐陽修撰　徐無黨注　明萬曆四年南京國子監刻明清遞修本　十冊　十行二十一字細黑口四周雙邊　書口鐫萬曆四年刊、順治十五年刊、順治十六年刊、康熙三十九年刊、萬曆五年刊　史12 7772

遼史一百十六卷

元脱脱等撰　明嘉靖八年南京國子監刻明清遞修本　十二冊　十行二十四字細黑口四周雙邊　書口鐫嘉靖八年刊、萬曆四年刊、崇禎七年刊、順治十六年刊、康熙二十年補刊、康熙三十九年刊　史12 7878

宋史四百九十六卷目録三卷

元脱脱等撰　明成化七年至十六年朱英刻明清遞修本　一百二十八冊　十行二十字細黑口四　史12 7878

周雙邊 書口鎸嘉靖丁巳年、萬曆六年刊、崇禎七年刊、順治十六年刊、康熙三十九年刊等

存四百七十五卷 一至二百二十五 二百四十六至四百九十六

金史一百三十五卷目錄二卷 元脫脫等撰 明嘉靖八年南京國子監刻明清遞修本 二十八冊 十行二十二字細黑口四周雙邊 書口鎸嘉靖八年刊、順治十五年刊、康熙三十九年刊、康熙二十五年刊

史12
7878

周書五十卷 唐令狐德棻等撰 明萬曆十六年南京國子監刻明清遞修本 十冊 九行十八字細黑口四周雙邊 書口鎸萬曆十六年刊、順治十六年刊、康熙三十九年刊

史12
8042

編年類

通鑑綱目全書一百八卷 清康熙年宋犖奉勅校刊本 五十二冊 十行二十二字小字雙行同黑口四周雙邊 鈐直隸圖書館收藏記

史2
0094

資治通鑑綱目五十九卷　宋朱熹撰
資治通鑑綱目前編外紀一卷　元陳桱撰
資治通鑑綱目前編十八卷舉要三卷　元金履祥撰
續資治通鑑綱目二十七卷　明商輅等撰

御定歷代紀事年表一百卷　清王之樞撰　清康熙五十四年內府刻本　一百冊　行字不一白口四周雙邊　鈐直隸圖書館收藏記

史21
1034

資治通鑑二百九十四卷目錄三十卷　宋司馬光撰　元胡三省音註　明陳仁錫評　明天啓五年刻本　八十七冊　十行二十字白口四周單邊

存二百四十一卷　一至十九　二十二至六十八　九十六至二百二十三　二百四十八至二百九十四　**目錄十六卷**　十五至三十

史21
1779

資治通鑑二百九十四卷目錄三十卷釋例一卷　宋司馬光撰　元胡三省音註　明

史21
1779=2

陳仁錫評　資治通鑑問疑一卷　宋劉羲仲纂集　明崇禎間刻本　一百零八冊　十行二十字白口四周單邊　書口鐫古吳金麟書陳天禎刊　鈐蓮池書院收藏書籍印　直隸圖書館收藏記

存二百五十九卷　一至五十八　九十四至二百九十四　存目錄三十卷

御批歷代通鑑輯覽一百二十卷　清傅恆　楊述曾等纂修　清乾隆三十三年武英殿朱墨套印本　五十八冊　十一行二十二字小字雙行同白口四周雙邊　鈐蓮池書院收藏書籍印　直隸圖書館收藏記　史21 2391

訂正通鑑綱目前編二十五卷　明南軒撰　明萬曆二十三年刻本　十冊　七行十八字小字雙行同白口左右雙邊　有刻工　史21 4051

歷代通鑑纂要九十二卷　明李東陽等撰　清光緒二十三年刻本　四十八冊　十行二十字小字雙行同白口左右雙邊　鈐直隸圖書館收藏記　史21 4057

宋元通鑑一百五十七卷 明薛應旂撰 陳仁錫評 明天啓六年刻本 三十冊 十行二十字小字雙行同白口四周單邊 書口鐫古吳金麟書 陳天禎刊 鈐直隸圖書館收藏記 史21 4400 *

宋元通鑑一百五十七卷 明薛應旂撰 陳仁錫評 明天啓六年刻本 二十四冊 史21 4400 (2)

甲子會紀五卷 明薛應旂撰 明嘉靖三十八年玄津草堂刻本 四冊 九行十八字小字雙行同白口四周單邊 卷末鐫嘉靖戊午秋刻于玄津草堂牌記 有刻工 鈐蓮池書院收藏書籍印 直隸圖書館收藏記 史21 4400 *Z

大事記十二卷通釋三卷解題十二卷 宋呂祖謙撰 清乾隆五十一年武英殿聚珍本 十六冊 八行二十一字小字雙行同白口左右雙邊 鈐直隸圖書館收藏記 史21 6030

新刻明朝通紀會纂七卷 明王世貞會纂 清初致和堂刻本 六冊 九行二十七字白口四周雙邊 封面鐫致和堂梓行 史22 1042

三朝北盟會編二百五十卷 宋徐夢莘編 清初抄本 一百冊 十行二十一字黑口左右雙邊 書口鐫不不通閣 鈐蓮池書院收藏書 史22 2844 *Z

籍印　直隸圖書館收藏記

兩漢紀六十卷

清康熙蔣氏五峯閣重刻本　二十册　十一行二十一字黑口左右雙邊　鈐蓮池書院收藏書籍印　直隸圖書館收藏記

前漢紀三十卷　漢荀悅撰

後漢紀三十卷　晉袁宏撰

史22 4498

紀事本末類

通鑑紀事本末二百三十九卷

宋袁樞編次　明張溥評校　明張溥刻本　八十册　九行二十字白口左右雙邊　鈐蓮池書院收藏書籍印　直隸圖書館收藏記

史3 4041

釋史一百六十卷世系圖一卷年表一卷

清馬驌撰　清康熙刻本　四十八册　十一行二十四字小字雙行三十六字白口左右雙邊　鈐直隸圖書館收藏記

史3 7175

雜史類

南渡錄四卷附阿計替傳一卷南燼紀聞錄二卷竊憤錄二卷
題宋辛棄疾撰　清硯雲氏重抄本　二册　十行字數不一
史4 0000

烈皇小識八卷　明文秉撰　聖安皇帝本紀二卷　清顧炎武撰　清刻本　八册　九行十九字白口左右雙邊
史4 0020

楚紀六十卷　明廖道南撰　明萬曆二十四年重刻本　二十册　十行二十字白口四周雙邊　鈐直隸圖書館收藏記
史4 0034 *

弇州史料前集三十卷後集七十卷　明王世貞撰　董復表編　明萬曆四十二年刻本　十五册　九行十八字白口四周單邊　鈐蓮池書院收藏書籍印　直隸圖書館收藏記
史4 1042 *

弇州史料前集三十卷後集七十卷　明王世貞撰　董復表編　明萬曆刻本　十二册　九行十八字白口四周單邊
史4 1042=2

存四十四卷　前集一至二十二　後集二十至四十一

弇州史料後集七十卷　明王世貞撰　董復表編　明萬曆刻本　八册　九行十八字白口四周單邊　史4 1042=3

存三十五卷　一至三十二　六十八至七十

明末五小史八卷　清三餘氏撰　清道光京都琉璃廠異史氏木活字本　八册　八行十八字白口左右雙邊　封面鐫原本藏於元和顧氏今活字板排於京都琉璃廠異史氏寓齋　鈐蓮池書院收藏書籍印　直隸圖書館收藏記　史4 1087

二申野錄八卷　清孫之騄輯　清雍正刻本　四册　十行二十字小字雙行同白口左右雙邊　鈐直隸圖書館收藏記　史4 1237

十國春秋一百十六卷　清吴任臣撰　乾隆五十八年刊嘉慶四年補　十六册　十行二十一字小字雙行同白口左右雙邊　封面鐫乾隆癸丑年鐫　昭文周少霞校刊　此宜閣藏板　書後鐫嘉慶四年補刊　史4 2627

貞觀政要十卷

唐吳兢撰　元戈直集論　清康熙九年重刻本　六冊　十行二十字小字雙行同黑口四周雙邊　鈐直隸圖書館收藏記

路史四十七卷

宋羅泌撰　清乾隆十一年五桂堂刻本　二十冊　十行二十字小字雙行同四周單邊　封面鐫丙寅年重鐫　五桂堂藏板　書口鐫五桂　鈐蓮池書院收藏書籍印　直隸圖書館收藏記

前紀九卷
後紀十三卷
發押六卷
餘論十卷
大衍說一卷
國名紀七卷
國姓衍慶紀原一卷

隆平集二十卷

宋曾鞏撰　清康熙四十七年彭期七業堂刻本　四冊　九行二十字白口左右雙邊　封面鐫康熙辛巳年新鐫　七業堂校　鈐直隸圖書館收藏記

詔令奏議類

上諭内閣一百五十九卷 清允祿撰 允祥等編 清乾隆間刻本 三十二冊 十一行二十一字白口四周雙邊 鈐直隸圖書館收藏記 史51 2337

皇明寶訓四十卷 明呂本等輯 明萬曆三十年春秣陵周氏大有堂刻本 四冊 十一行二十二字白口四周單邊 封面鐫新鐫官板皇明寶訓 萬曆壬寅春秣陵周氏大有編 史51 6050 *

存十卷 洪武一至六 永樂一至四

硃批諭旨不分卷 清鄂爾泰 張廷玉編 清乾隆三年内府刻朱墨套印本 一百一十二冊 十行二十一字白口四周雙邊 鈐直隸圖書館收藏記 史51 6715

少保于公奏議十卷附錄一卷 明于謙撰 吳邦相重編 明萬曆四十一年刻本 十冊 九行二十字白口四周單邊 目錄後 史52 1008 *

鐫萬曆四十一年癸丑春壬正月刊　書口鐫吉安黃朴刻　鈐直隸圖書館收藏記

王文肅公奏草二十三卷　明王錫爵撰　王衡彙輯　明天啓二年王時敏校刻本　十二冊　九行十八字白口四周單邊　鈐直隸圖書館收藏記

史52 1082

皇明疏議輯畧三十七卷　明張瀚輯　明萬曆王汝訓雲萬世德刻本　十二冊　十行二十二字白口四周雙邊　目錄前鐫雲萬世德重刊　鈐直隸圖書館收藏記

史52 1138 *

入告初編一卷二編一卷遺編一卷　清張惟赤撰　清順治刻康熙續刻本　四冊　九行二十四字白口左右雙邊

史52 1194

總河疏稿四卷　明李化龍撰　明刻本　四冊　九行二十字白口四周雙邊　鈐直隸圖書館收藏記

史52 4020

宋李忠定公奏議選十五卷　宋李綱撰　明左光先選　李春熙輯　明崇禎間刻清康熙乾隆間修補本　六冊　十行二十字小字雙行同白口四周單邊　鈐直隸圖書館收藏記

史52 4027

督漕疏草二十二卷 清董訥撰 清康熙刻本 二十二冊 十行二十字白口左右雙邊 鈐蓮池書院收藏書籍印 直隸圖書館收藏記

史52
4404

葉文莊公奏疏四十卷 明葉盛撰 明崇禎四年葉重華刻本 六冊 十行二十字白口四周單邊 鈐直隸圖書館收藏記

西垣奏草九卷
邊奏存稿七卷
兩廣奏草十六卷
上谷奏草八卷

史52
4453
*

歷代名臣奏議三百五十卷 明楊士奇等輯 張溥刪正 明崇禎東觀閣刻本 七十二冊 九行十八字白口左右雙邊 書口鐫東觀閣 鈐直隸圖書館收藏記

史52
4644

歷代名臣奏議三百十九卷 明楊士奇等輯 張溥刪正 明崇禎八年張永錫張玉衡等重校本 八十冊 九行十八字白口左右雙邊 鈐蓮池書院收藏書籍印

史52
4644=2

傳記類

尚古類氏集十二卷 明王文翰撰 明羅田刻本 十二冊 十行二十二字小字雙行同黑口四周雙邊 鈐直隸圖書館收藏記 史60 1004 *

百將圖傳二卷 清丁日昌撰 清同治九年江蘇書局刻本 二冊 十一行二十一字白口左右雙邊 史60 1066

名臣言行錄前集十卷後集十四卷 宋朱熹撰 **續集八卷別集二十六卷外集十七卷** 宋李幼武補 明張采評閱 明崇禎古吳聚錦堂刻本 十二冊 十行二十字白口左右雙邊 封面鐫古吳聚錦堂梓 鈐直隸圖書館收藏記 史60 2540

洛學編六卷 清湯斌等撰 清道光三十年田俶重刻本 二冊 十行二十字黑口四周雙邊 史60 3603

刻漢唐宋名臣錄五卷 明李廷機編 明萬曆三十四年刻本 五册 九行十八字白口左右雙邊 鈐蓮池書院收藏書籍印 直隸圖書館收藏記 史60 4014 *

直隸節烈貞孝册不分卷 清抄本 十二册 九行二十字白口四周雙邊 史60 4048

學宮輯畧六卷 清余丙輯 清乾隆終慕堂刻本 四册 十行二十二字白口左右雙邊 封面鐫終慕堂藏板 史60 8010

列朝詩集小傳十卷 清錢謙益撰 清康熙三十七年誦芬堂刻本 十六册 十一行二十一字細黑口左右雙邊 封面鐫誦芬堂藏板 書口鐫誦芬堂 鈐直隸圖書館收藏記 史60 8308 *

乾集二卷
甲集三卷
乙集一卷
丙集一卷

丁集三卷
閏集一卷

鴻雪因緣圖記六卷　清麟慶撰　清道光二十九年刻本　六冊　十行二十一字小字雙行同白口四周雙邊　鈐直隸圖書館收藏記　河北省立保定蓮池圖書館印　史61 0900

續吳先賢讚十五卷　明劉鳳撰　明萬曆刻本　六冊　九行十八字白口左右雙邊書口鐫吳郡劉溥卿刻　史61 7277 *

八旗滿洲氏族通譜八十卷　清官撰　清乾隆九年武英殿初印毛裝本　二十五冊　十行二十字小字雙行同白口四周雙邊　鈐直隸圖書館收藏記　史65 1250

存七十六卷　一至十四　十九至八十

泛槎圖一卷續泛槎圖一卷 清張寶繪圖並撰詩文 清嘉慶二十五年羊城尚古齋張太占刻本 四冊 行字不一白口四周單邊 封面鐫羊城尚古齋張太占刻 史66 1130

國朝歷科題名碑錄不分卷明洪武至崇禎各科不分卷 清李周望輯 清雍正刻本 六冊 十行字數不一大黑口左右雙邊 史67 4070

直隸全省名宦鄉賢冊不分卷 清抄本 六冊 九行二十字白口四周雙邊 史68 4048

時令類

月令廣義二十四卷卷首一卷附錄一卷 明馮應京輯 戴任增釋 李登參訂 明萬曆刻本 六冊 九行二十字小字雙行同白口四周單邊 史8 3100

存二十二卷 一至八 十三至二十四 首一 附錄一

地理類

元豐九域志十卷　宋王存等撰　清乾隆五十三年馮氏刻本　五冊　十一行二十一字白口左右雙邊

史 910 1040

太平寰宇記二百卷目錄二卷　宋樂史纂　附大清一統志表　清徐午撰　清乾隆刻本　三十四冊　十行二十二字黑口四周雙邊　鈐蓮池書院收藏書籍印　直隸圖書館收藏記

史 910 2250

皇清職貢圖九卷　清傅恒等撰　清乾隆刻本　八冊　八行二十字白口四周雙邊　鈐直隸圖書館收藏記

史 910 2391

天下山河兩戒考十四卷　清徐文靖撰　清雍正元年刻本　四冊　九行二十字小字雙行同白口左右雙邊　封面鐫雍正元年鐫

史 910 2800

歷代宅京記二十卷　清顧炎武撰　清嘉慶十三年來賢堂刻本　二册　十行二十二字小字雙行同白口左右雙邊　封面鎸來賢堂藏板　鈐直隸圖書館收藏記　史910 3191

大明一統志九十卷　明李賢等纂修　明天順五年内府刻本　四十册　十行二十二字小字雙行同黑口四周雙邊　鈐河北省立保定蓮池圖書館印　史910 4077 *Z

廣輿記二十四卷圖一卷　明陸應陽撰　清初刻本　六册　十行十九字小字雙行同白口左右雙邊　史910 7407

吴郡圖經續記三卷　宋朱長文纂修　清乾隆二十四年朱鑰明教堂刻本　二册　十行十九字白口左右雙邊　封面鎸宋本重鎸　吴郡圖經　明教堂藏板　鈐直隸圖書館收藏記　史911 2570

欽定皇輿西域圖志四十八卷卷首四卷　清劉統勳等奉勅撰　清石印本　二十四册　九行二十字小字雙行同白口四周雙邊　鈐直隸圖書館收藏記　史911 7222

欽定日下舊聞考一百六十卷 清朱彝尊　朱昆田　于敏中等纂　清乾隆間武英殿刻本　四十八冊　九行二十一字小字雙行同白口四周雙邊

史 912
2528

日下舊聞四十二卷 清朱彝尊撰　清康熙六峯閣刻本　二十四冊　十二行二十一字小字雙行同白口四周單邊

史 912
2528=2

日下舊聞四十二卷 清朱彝尊撰　清康熙六峯閣刻本　二十四冊　鈐直隸圖書館收藏記

史 912
2528=2
(2)

昌平山水記二卷譎觚十事一卷顧氏譜系考一卷 清顧炎武撰　清刻本　二冊　十一行二十字小字雙行三十二字白口左右雙邊

史 912
3191

帝京景物畧八卷 明劉侗　于奕正撰　明崇禎刻本　八冊　八行十九字白口四周單邊

史 912
7227
*

帝京景物畧八卷 明劉侗　于奕正撰　明崇禎年金陵弘道堂刻本　六冊　八行十九字白口四周單邊　封面鐫金陵弘道堂藏板　鈐直隸圖書館收藏記

史 912
7227=2

宋東京考二十卷 清周城撰 清乾隆三年刻本 四冊 十行二十一字小字雙行同黑口四周雙邊 鈐蓮池書院收藏書籍印 直隸圖書館收藏記 史912 7743

鵝湖講學會編十二卷 清鄭之僑編輯 清乾隆九年鵝湖述堂刻本 四冊 十行二十二字白口左右雙邊 封面鐫乾隆玖年鐫 述堂藏板 書口鐫述堂 鈐直隸圖書館收藏記 史912 8732

名山勝槩記四十八卷圖一卷附錄一卷 明何鏜等輯 明崇禎六年墨繪齋刻本 三十二冊 九行二十字白口左右雙邊 圖前鐫崇禎六年春月墨繪齋新摹牌記 鈐蓮池書院收藏書籍印 直隸圖書館收藏記 史913 2189

行水金鑑一百七十五卷首一卷 清傅澤洪撰 清雍正三年淮揚道署刻本 三十六冊 十一行二十一字小字雙行三十二字黑口左右雙邊 封面鐫淮揚官舍繡梓 史913 2333

羅浮山志會編二十二卷首一卷 清宋廣業撰 清康熙五十六年刻本 十冊 九行二十字小字雙行同白口左右雙 史913 3003

邊

西湖志四十八卷 清李衛 傅王露等纂修 清雍正十三年刻本 二十四册 九行二十一字小字雙行同細黑口四周雙邊 鈐蓮池書院收藏書籍印 直隸圖書館收藏記 河北省立蓮池圖書館印
史913 4021

靳文襄公治河方略十卷首一卷 清靳輔撰 崔應階重編 清乾隆三十二年聽泉齋刻本 八册 十行二十字白口左右雙邊 封面鐫乾隆丁亥刊行 聽泉齋藏板
史913 4253

盤山志十卷補遺四卷 清釋智朴纂修 王士禎 朱彝尊校訂 清康熙三十五年刻本 四册 十行二十字黑口四周單邊
史913 8643

籌海圖編十三卷 明鄭若曾輯 明天啓四年胡維極刻本 八册 十二行二十二字小字雙行同白口四周單邊 鈐直隸圖書館收藏記
史913 8748 *

東林書院志二十二卷 清高廷珍等輯 清乾隆年刻本 八册 十二行二十五字小字雙行同白口左右雙邊 封面鐫雍正癸丑新刊 梁溪麗澤堂藏板 鈐蓮池書院收藏書籍印 直隸圖書館收藏記
史914 0011

石柱記箋釋五卷　清鄭元慶撰　清康熙四十一年魚計亭刻本　二冊　十一行二十一字小字雙行二十七字白口左右雙邊　封面鐫魚計亭雕版　鈐直隸圖書館收藏記

史 914
8710

職官類

欽定歷代職官表七十二卷首一卷　清紀昀等奉勅撰　清乾隆四十五年殿刻本　三十六冊　八行二十一字小字雙行同白口四周雙邊　鈐直隸圖書館收藏記

史 921
2767

玉堂雜紀三卷　宋周必大撰　清汲古閣刻本　三冊　八行十九字小字雙行同白口左右雙邊　書口鐫汲古閣

史 921
7733

玉堂雜紀三卷　宋周必大撰　清汲古閣刻本　一冊　書口鐫汲古閣

史 921
7733
(2)

御製人臣儆心錄不分卷　清世祖福臨撰　清順治十二年刻本　一冊　七行十三字白口四周雙邊　鈐蓮池書院收藏書籍印　直隸圖書館收藏記　史922 4433 *

政書類

資治新書十四卷首一卷　清李漁撰　清康熙二年經綸堂刻本　六冊　十一行二十字小字雙行同白口四周單邊　書口鐫經綸堂　文光堂　史93 4037

欽定中樞政考三十一卷　清鄂爾泰等輯　清乾隆武英殿刻本　十八冊　十行二十字白口四周雙邊　史93 6715

唐會要一百卷　宋王溥撰　清乾隆武英殿活字印聚珍版叢書本　二十四冊　九行二十一字小字雙行同白口四周雙邊　鈐直隸圖書館收藏記　史931 1033

五代會要三十卷　宋王溥撰　清信芳閣活字印本　十六冊　九行二十字小字雙行同白口四周單邊　書口鐫信芳閣藏　鈐直隸圖書館收藏記　史931 1033

續文獻通考二百五十四卷　明王圻撰　明萬曆三十一年曹時聘、許維新刻本　九十九冊　十一行二十二字白口左右雙邊　有刻工　鈐蓮池書院收藏書籍印　直隸圖書館收藏記　史931 1042

欽定續通典一百五十卷　清嵇璜、曹仁虎等纂修　清乾隆武英殿刻本　三十二冊　九行二十一字小字雙行同白口四周雙邊　鈐蓮池書院收藏書籍印　直隸圖書館收藏記　史931 2314

西漢會要七十卷　宋徐天麟撰　清乾隆武英殿活字印聚珍版叢書本　十六冊　九行二十一字小字雙行同白口四周雙邊　鈐直隸圖書館收藏記　史931 2810

大明會典一百八十卷　明徐溥等纂修　明刻本　六十冊　十行二十字白口四周單邊　史931 2833

通典二百卷　唐杜佑撰　清乾隆十二年武英殿重刻本　三十六冊　十行二十一字小字雙行同白口左右雙邊　書口鐫乾隆十二年校刊　鈐蓮池書院收藏書籍印　直隸圖書館收藏記　史931 4424

書館收藏記

文獻通考三百四十八卷 元馬端臨撰 清乾隆十二年武英殿刻本 八十八册 十行二十一字小字雙行同白口左右雙邊 書口鐫乾隆十二年校刊 鈐蓮池書院收藏書籍印 史931 7107

壇廟祀典三卷 清方觀承撰 清乾隆二十三年刻本 三册 九行二十字小字雙行同白口四周雙邊 鈐直隸圖書館收藏記 史932 0041

萬壽盛典初集一百二十卷 清王原祁等纂修 清康熙五十六年内府刻本 三十六册 九行十九字白口四周雙邊 鈐蓮池書院收藏書籍印 直隸圖書館收藏記 史932 1073

存一百十九卷 一至三十九 四十一至一百二十

大清通禮五十卷 清來保等纂修 清乾隆武英殿刻本 八册 九行二十二字小字雙行同白口四周雙邊 鈐直隸圖書館收藏記 史932 4026

大清通禮五十卷　清來保等纂修　清乾隆武英殿刻本　八冊　鈐直隸圖書館收藏記　史932 4026 (2)

國學禮樂錄二十卷　清李周望　謝履忠輯　清康熙五十八年國子監刻本　六冊　十行二十二字白口四周雙邊　鈐蓮池書院收藏書籍印　直隸圖書館收藏記　史932 4070 *

八旬萬壽盛典一百二十卷首一卷　清阿桂等纂修　清乾隆五十七年武英殿活字印本　二十冊　十一行二十五字小字雙行同白口四周雙邊　鈐蓮池書院收藏書籍印　直隸圖書館收藏記　史932 7144

目錄類

經義考三百卷目錄二卷　清朱彝尊撰　清乾隆二十年盧氏刻本　六十冊　十二行二十三字白口四周雙邊　鈐直隸圖書館收藏記　史943 2528 *

存二百九十七卷　一至二百八十五　二百八十七至二百九十八　目錄二

金石類

重定金石契不分卷 清張燕昌撰 清光緒二十二年聚學軒劉蕙石重定本 四冊 十行十六字小字雙行同白口四周單邊 鈐直隸圖書館收藏記 河北省立保定蓮池圖書館印 史950 1146

金石錄三十卷 宋趙明誠撰 清乾隆二十七年盧見曾刻雅雨堂叢書本 四冊 十行二十一字小字雙行同白口四周單邊 封面鐫乾隆壬午年刊 雅雨堂藏板 書口鐫雅雨堂 鈐直隸圖書館收藏記 史950 4960

泊如齋重修宣和博古圖錄三十卷 宋王黼等撰 明劉季然書錄 明萬曆十六年泊如齋刻本 二十冊 八行十七字白口四周單邊 鈐河北省立保定蓮池圖書館印 史951 1033

吉金所見錄十六卷首一卷末一卷 清初尚齡撰 清道光二十一年湑園刻本 四冊 十行二十五字白口四周雙 史955 3792

邊　書口鐫渭園珍藏

史評類

十七史商榷一百卷　清王鳴盛撰　清乾隆五十二年洞涇艸堂刻本　二十四冊　十行二十字小字雙行同白口四周雙邊　封面鐫乾隆丁未新鐫　洞涇草堂藏版　鈐蓮池書院收藏書籍印　直隸圖書館收藏記　史96 1065

重刻歷朝捷錄四卷　明顧充撰　明刻本　四冊　九行二十二字小字雙行同白口四周單邊　鈐直隸圖書館收藏記　史96 3100

史通通釋二十卷附錄一卷　清浦起龍撰　清乾隆十七年梁溪浦氏求放心齋刻本　六冊　九行二十二字小字雙行同白口左右雙邊　封面鐫梁溪浦氏求放心齋定本　鈐直隸圖書館收藏記　史96 3340 *

史通通釋二十卷附錄一卷　清浦起龍撰　清乾隆十七年梁溪浦氏求放心齋刻本　八冊　史96 3340 (2)

子部

儒家類

先儒正修錄三卷先儒齊治錄三卷 清于準輯 清康熙年刻本 六冊 十二行二十三字白口左右雙邊 鈐蓮池書院收藏書籍印 直隸圖書館收藏記 子1 1030 *

理學宗傳二十六卷 清孫奇逢輯 清康熙五年刻本 十二冊 九行二十字小字雙行同白口四周單邊 鈐蓮池書院收藏書籍印 子1 1243

斯文正統十二卷 清刁包輯 清順治十一年金陵韓瑞甫刻本 十二冊 九行二十字白口左右雙邊 封面鐫立誠堂藏板 順治甲午 金陵韓瑞甫梓行 子1 1727

小學集註六卷 宋朱熹撰 明陳選註 清雍正五年内府刻本 二冊 九行十八字小字雙行同白口四周雙邊 子1 2540

御纂性理精義十二卷 清李光地等撰 清康熙五十六年内府刻本 四冊 八行十八字小字雙行二十二字白口四周雙邊 子1 4094

慈溪黃氏日抄分類九十七卷附古今紀要十九卷 宋黃震編輯 清乾隆刻本 三十二冊 十四行二十六字細黑口四周雙邊 鈐直隸圖書館收藏記 子1 4410

新纂門目五臣音註楊子法言十卷 漢揚雄撰 晉李軌 唐柳宗元註 宋宋咸 吳祕 司馬光重添註 明刻本 六冊 八行十七字小字雙行同白口四周雙邊 鈐直隸圖書館收藏記 子1 4640

呂子節錄四卷補遺二卷 明呂坤撰 清陳宏謀評輯 清乾隆元年培遠堂刻本 三冊 九行十八字白口左右雙邊 封面鐫培遠堂藏板 乾隆元年校刊 子1 6045

大學衍義補一百六十卷首一卷　明丘濬撰　陳仁錫評　明刻本　三十八冊　十行二十字小字雙行同白口四周雙邊　鈐直隸圖書館收藏記　子1 7231

大學衍義補刪三十卷首一卷　明丘濬輯　清順治張能鱗刪刻本　八冊　十行二十四字小字雙行同白口四周單邊　存十六卷　一至十五　首一　子1 7231

讀書日記六卷補編二卷　清劉源淥撰　清雍正五年劉行秉家刻本　四冊　十行二十一字黑口左右雙邊　鈐直隸圖書館收藏記　子1 7233 *

兵家類

唐荊川先生纂輯武編十二卷前集六卷　明唐順之撰　明萬曆間徐象橒曼山館刻本　五冊　十行二十字白口左右雙邊　書口鐫曼山館　子2 0023

存五卷　前集一至五

子2 0023=2

武編十二卷　明唐順之撰　清初抄本　十二冊　十行二十字小字雙行同白口四周單邊　鈐直隸圖書館收藏記

存十一卷　前集一至六　後集一至五

子2 1064

登壇必究三十六卷　明王鳴鶴輯　明萬曆二十七年刻本　三十二冊　十行二十字小字雙行同白口四周雙邊　鈐直隸圖書館收藏記

子2 1064 (2)

登壇必究三十六卷　明王鳴鶴輯　明萬曆二十七年刻本　七冊

存八卷　七至十　十四　十六　二十八　三十二

子2 3163 *

古今將略四卷　明馮時寧輯　明崇禎刻本　四冊　八行十八字小字雙行同白口左右雙邊　鈐直隸圖書館收藏記

洴澼百金方十四卷 題惠麓酒民撰 清乾隆五十三年榕城嘉魚堂刻本 十二冊 九行二十四字小字雙行同白口四周單邊 封面鐫乾隆戊申年刻榕城嘉魚堂藏 子2 5043

法家類

管子二十四卷 周管仲撰 唐房玄齡註 明劉績補註 明天啓五年朱養純花齋刻本 五冊 九行二十字小字雙行同白口四周單邊 書口鐫 齋藏板 鈐直隸圖書館收藏記 子3 3002 *

醫家類

東醫寶鑑二十三卷　明朝鮮許浚撰　明萬曆四十一年朝鮮內醫院刻本　二十五冊　十行二十一字小字雙行同白口四周雙邊　序後鐫萬曆四十一年十一月日內醫院奉教刊行　子5 0833

纂修醫學入門六卷　口系屯子著　清乾隆三十九年漱古軒刻本　六冊　九行二十二字黑口四周雙邊　封面鐫乾隆甲午　漱古軒梓行　子5 2051

醫宗必讀十卷　明李中梓撰　清善成堂刻本　三冊　十一行二十六字小字雙行同白口左右雙邊　封面鐫善成堂藏板　子5 4054

存八卷　一至二　五至十

神農本草經疏三十卷　明繆希雍撰　明天啓四年張衙刻本　八冊　九行二十字白口左右雙邊　封面鐫張衙藏板　子52 2740

存十二卷　一至十二

食物本草會纂十二卷圖一卷　清沈李龍撰　清乾隆四十八年金閶書業堂重刻本　六冊　九行二十二字小字雙行同白口四周　子52 3440

單邊　封面鐫金閶書業堂藏板　乾隆癸卯年新鐫

吳醫彙講十一卷　清唐大烈輯　清乾隆五十七年刻嘉慶十九年印本　四冊　九行二十字小字雙行同下黑口四周雙邊　封面鐫乾隆壬子歲新鐫

子54 0041

絳雪園古方選註三卷　清王子接撰　清雍正間埽葉山房刻本　三冊　十行二十二字白口左右雙邊　封面鐫埽葉山房刊

子54 1015

瘍醫準繩六卷　明王肯堂輯　清初九思堂刻本　八冊　十一行二十四字白口四周單邊　封面鐫九思堂藏板

子54 1029

女科證治準繩五卷　明王肯堂輯　清初帶月樓刻本　八冊　十三行二十六字白口四周單邊　封面鐫帶月樓梓行

子54 1029

濟陰綱目十四卷　清武之望撰　江淇箋釋　**保生碎事一卷**　清汪淇撰　清雍正年天德堂刻本　五冊　十一行二十五字小字雙行同白口左右雙邊　書口鐫天德堂　封面鐫善成堂鐫

子54 1330

醫學心悟五卷 清程國彭撰 清雍正十年刻本 四冊 八行二十四字小字雙行同白口四周單邊 子54 2664

瘡瘍經驗全書六卷 宋竇漢卿撰 清康熙五十六年善成堂刻本 六冊 十一行二十六字白口四周單邊 封面鐫善成堂板 子54 3037

醫方集解三卷 清汪昂撰 清康熙聚錦堂刻本 五冊 十一行二十八字小字雙行同白口四周單邊 封面鐫聚錦堂藏板 子54 3160

脚氣治法總要二卷 宋董汲撰 民國初年抄本 一冊 八行二十一字小字雙行同白口無邊欄 子54 4437

臨證指南醫案十卷 清葉桂撰 清乾隆三十三年衛生堂刻本 十冊 十行二十二字小字雙行同白口左右雙邊 封面鐫乾隆三十三年鐫 衛生堂藏板 子54 4444

天文算法類

管窺輯要八十卷天文步天歌一卷　清黄鼎撰　清順治十年拱星堂刻本　十二冊　九行十九字白口四周單邊　子61 4422

存二十三卷　一至十二　五十四至六十四　天文步天歌一

管窺輯要八十卷　清黄鼎撰　清刻本　二十九冊　九行十九字白口四周單邊　子61 4422=2

存六十八卷　十二至十九　二十一至八十

古今律曆考七十二卷　明邢雲路輯　明萬曆間刻本　二十八冊　九行十八字白口四周單邊　鈐直隸圖書館收藏記　子62 1716 *

大明萬曆三年歲次乙亥大統曆二卷　明萬曆刻本　一冊　十七行三十八字小字雙行同黑口左右雙邊　子62 4471 *

術數類

大六壬大全十三卷
清郭載騋校訂　清康熙四十三年懷慶楊衙刻本　十三册　十行二十四字小字雙行同白口四周單邊
子74 0747

穴法分受二卷
清黄越撰　清雍正三年光裕堂刊本　二册　六行二十字小字雙行同白口四周單邊　封面鐫雍正三年鐫　光裕堂梓
子76 4443

太乙統宗寶鑒二十四卷
題元曉山老人撰　清抄本　二十四册　七行十八字無邊欄　鈐直隸圖書館收藏記
子76 6424

夢占類考十二卷
明張鳳翼撰　明萬曆十三年王祖嫡刻本　六册　十行二十二字小字雙行同細黑口左右雙邊　有刻工　目錄後鐫萬曆乙酉孟夏信陽王氏
子77 1171 *

梓行　鈐蓮池書院收藏書籍印　直隸圖書館收藏記

藝術類

文學山房明刻集錦不分卷　江靜瀾編次　一九五三年剪輯裝訂本　四冊　行數字數不一小字雙行　子8 3153

江邨銷夏錄三卷　清高士奇輯　清康熙三十二年朗潤堂刻本　三冊　九行十八字小字雙行同黑口左右雙邊　封面鐫朗潤堂藏　鈐直隸圖書館收藏記　子81 0044

圖繪寶鑑五卷首一卷補遺一卷續補一卷增補一卷　元夏文彥撰　清初日本重刻元刻本　五冊　十行十八字黑口四周雙邊　書中有日文註釋　鈐直隸圖書館收藏記　子81 1000

芥子園畫傳五卷　清王槩輯　清康熙十八年李漁刻套印本　四冊　九行二十字白口四周單邊　子81 1071

芥子園畫傳三集四卷末一卷　清王槩　王蓍　王臬輯　清康熙芥子園重刻套印本　四冊　九行二十字四周單邊　有書耳　蝴蝶裝　封面鐫金陵芥子園重鐫　子81 1071

佩文齋書畫譜一百卷　清孫岳頒等撰　清康熙靜永堂刻本　六十四冊　十一行二十一字小字雙行同白口左右雙邊　封面鐫靜永堂藏　鈐直隸圖書館收藏記　子81 1278

畫禪室隨筆四卷　明董其昌撰　清康熙五十九年長洲楊氏刻本　四冊　八行十八字白口四周雙邊　子81 4446

松雪堂印萃不分卷　清郭啓翼篆刻　清乾隆五十年印本　八冊　四周雙邊　子83 0731

對山印稿不分卷　清楊燮篆　楊森編輯　清道光六年印本　八冊　四周雙邊　書口鐫嗜鈔書齋　子83 4699

德音堂琴譜十卷 清汪天榮輯 清康熙六十年有文堂刻本 六冊 八行十八字小字雙行同白口左右雙邊 封面鐫康熙辛丑夏新鐫 鈐蓮池書院收藏書籍印 直隸圖書館收藏記

子84
3119

五知齋琴譜八卷 清周魯封輯 清乾隆十一年懷德堂重刻本 八冊 八行十八字小字雙行白口左右雙邊 封面鐫乾隆丙寅新鐫 懷德堂藏板 鈐蓮池書院收藏書籍印 直隸圖書館收藏記

子84
7724

譜錄類

文房肆攷圖說八卷 清唐秉鈞撰 清乾隆四十三年唐氏竹暎山莊刻本 四冊 九行二十字小字雙行同黑口左右雙邊 鈐直隸圖書館收藏記

子912
0028

宋淳熙敕編古玉圖譜一百卷 宋龍大淵等撰 清乾隆四十四年江春康山草堂刻本 三十二冊 八行十七字白口四周單邊 封面鐫乾隆乙亥年鐫 康山草堂藏板 鈐直隸圖書館收藏記

子912
0143

宋淳熙敕編古玉圖譜一百卷　宋龍大淵等撰　清乾隆四十四年江春康山草堂刻本　三十二冊　封面鐫乾隆乙亥年鐫　康山草堂藏板　鈐直隸圖書館收藏記　子912 0143 (2)

二如亭羣芳譜二十九卷　明王象晉撰　明沙村草堂刻本　二十四冊　八行十八字小字雙行同白口左右雙邊　封面鐫沙村草堂藏板　子914 1021

二如亭羣芳譜二十九卷　明王象晉撰　明末刻清修本　十六冊　八行十八字小字雙行同白口左右雙邊　鈐蓮池書院收藏書籍印　子914 1021=2

雜家類

諸子奇賞六十卷　明陳仁錫評選　明天啓六年刻本　十二冊　九行二十字小字雙行同白口四周單邊　子92 7528

呂氏春秋二十六卷　漢高誘訓解　明萬曆宋邦義刻本　四冊　十行二十字小字雙行同白口左右雙邊　有刻工　鈐直隸圖書館收藏記　子921 0002 *

呂氏春秋二十六卷 漢高誘訓解 明萬曆張登雲刻本 十冊 十行二十字小字雙行同白口左右雙邊

子921 0002=2

池北偶談二十六卷 清王士禛撰 清康熙間文粹堂刻本 八冊 十一行二十三字小字雙行同黑口左右雙邊 封面鐫文粹堂藏板 鈐直隸圖書館收藏記

子921 1043

池北偶談二十六卷 清王士禛撰 清康熙間刻本 八冊 十一行二十三字黑口左右雙邊

子921 1043=2

池北偶談二十六卷 清王士禛撰 清康熙間臨汀郡署刻本 八冊 十一行二十三字小字雙行同黑口左右雙邊牌記封面鐫臨汀 署授梓

子921 1043=3

居易錄三十四卷 清王士禛撰 清初刻本 八冊 十行二十字小字雙行字數不等黑口左右雙邊 鈐直隸圖書館收藏記

子921 1043

居易錄三十四卷 清王士禛撰 清初刻本 八册 子921 1043 (2)

古夫于亭雜錄五卷 清王士禛撰 清康熙六十年刻本 二册 十行十九字黑口左右雙邊 鈐直隸圖書館收藏記 子921 1043

分甘餘話四卷 清王士禛撰 清康熙四十九年刻本 二册 十行十九字黑口左右雙邊 鈐直隸圖書館收藏記 子921 1043

紫桃軒雜綴三卷又綴三卷 明李日華著 明萬曆間鶴夢軒刻本 二册 八行十九字白口四周單邊 鈐直隸圖書館收藏記 子921 4064

存四卷 雜綴二至三 又綴一至二

敬齋古今黈八卷 元李冶撰 清影刻武英殿聚珍版本 二册 九行二十一字小字雙行同白口四周雙邊 書口鐫茅元銘校 子921 4433

簷曝雜記六卷　清趙翼撰　清初刻本　四冊　十一行二十一字小字雙行同白口左右雙邊　子921 4917

鴻苞集四十八卷　明屠隆撰　明萬曆三十八年茅元儀刻本　二十五冊　八行十九字白口左右雙邊　鈐直隸圖書館收藏記　子921 7777

通雅五十二卷首三卷　清方以智撰　姚文燮校訂　清康熙浮山此藏軒刻本　十六冊　十行二十四字小字雙行同白口四周單邊　書口鐫浮山此藏軒　封面鐫浮山此藏軒藏板　子922 0028

野客叢書三十卷附野老記聞一卷　宋王楙撰　明刻本　八冊　九行二十字白口四周單邊　鈐直隸圖書館收藏記　子922 1044

管城碩記三十卷　清徐文靖撰　清乾隆九年徐氏志寧堂刻本　八冊　九行二十字小字雙行同白口左右雙邊　書口鐫志寧堂　封面鐫志寧堂藏板　子922 2800

畏壘筆記四卷　清徐昂發撰　清康熙五十七年刻本　四冊　九行十九字小字雙行二十九字白口左右雙邊　鈐直隸圖書館收藏記　子922 2861

潛邱劄記六卷　清閻若璩撰　左汾近稾一卷　清閻詠撰　清乾隆大成齋重刻本　六册　十一行二十字小字雙行同白口左右雙邊　書口鐫眷西堂　大成齋重梓　鈐直隸圖書館收藏記　子922 7741

唐摭言十五卷　五代王定保撰　清乾隆二十一年盧見曾刻雅雨堂叢書本　二册　十行二十一字小字雙行同白口四周單邊　封面鐫乾隆丙子鐫　雅雨堂藏板　書口鐫雅雨堂　子923 1032

北夢瑣言二十卷　宋孫光憲撰　清乾隆二十一年雅雨堂刻本　四册　十行二十一字小字雙行同白口四周單邊　書口鐫雅雨堂　子923 1293

十科策畧箋釋十卷　明劉定之撰　呆齋公年譜一卷　清劉作樑撰　清乾隆二十一年古吳樂齋重刻本　六册　九行二十字小字雙行同白口四周單邊　封面鐫乾隆丙子年新鐫　古吳三樂齋梓　子923 7233

世説新語三卷　劉宋劉義慶撰　梁劉孝標注　宋劉辰翁評　明刻本　三册　九行二十字小字雙行同白口四周單邊　子923 7280

李卓吾批點世說新語補二十卷 梁劉孝標注　宋劉辰翁批　明何良俊增　王世貞刪定　王世懋批釋　李贄批點　張文柱校注　**附釋名一卷** 明刻本　七册　九行十八字小字雙行同白口四周單邊

子 923
7280

諸子彙函二十六卷 明歸有光輯　文震孟參訂　明末刻本　十六册　九行十八字小字雙行同白口四周單邊

子 924
2749

鬻子　周鬻熊撰
子牙子　周姜尚撰
關尹子　周尹喜撰
子華子以上合一卷　周程本撰
老子　周李耳撰
莊子以上合一卷　周莊周撰
列子　周列禦寇撰
墨子以上合一卷　周墨翟撰

管子二卷　周管仲撰
亢倉子　周庚桑楚撰
晏子　周晏嬰撰
鄧析子　周鄧析撰
文子　周辛鈃撰
鬼谷子　以上合一卷
公孫龍子　周公孫龍撰
商子　周公孫鞅撰
鶡冠子　以上合一卷
司馬子　周司馬穰苴撰
吳子　周吳起撰
尹文子　周尹文撰
孫武子　周孫武撰
尉繚子以上合一卷　周尉繚撰
玉虛子　周屈平撰
鹿谿子　周宋玉撰

慎子　周慎到撰
汗子　周汗明撰
尸子　周尸佼撰
囂囂子以上合一卷　周江乙撰
荀子一卷　周荀况撰
呂子以上合一卷　秦呂不韋撰
韓非子二卷　周韓非撰
波弄子　周淳于髡撰
惠子　周惠施撰
胡非子　周胡非撰
子家子　周孔求撰
希子　周希寫撰
薛子　周薛燭撰
風胡子　周風胡撰
三柱子　周魯仲連撰
歲寒子　周張孟同撰

首山子　秦頓弱撰
潼山子　秦甘羅撰
雲晃子　秦齊辯貌撰
隨巢子　秦□□撰
孔叢子以上合一卷　漢孔鮒撰
黄石子　漢黄石公撰
雲陽子　漢陸賈撰
金門子以上合一卷　漢賈誼撰
淮南子二卷　漢劉安撰
桂巖子二卷　漢董仲舒撰
封龍子　漢韓嬰撰
吉雲子　漢東方朔撰
青藜子以上合一卷　漢劉向撰
楊子　漢揚雄撰
符子　漢符□撰
金樓子　漢□□撰

嵯峨子以上合一卷　漢崔寔撰
委宛子　漢王充撰
白虎通　漢班固撰
風俗通　漢應劭撰
慎陽子以上合一卷　漢黄憲撰
釁山子　漢仲長統撰
回中子　漢王符撰
貞山子　漢桓寬撰
天隱子　唐□□撰
徐子以上合一卷　漢徐幹撰
小荀子　漢荀悦撰
鏡機子　魏曹植撰
抱朴子　晉葛洪撰
白雲子　晉束皙撰
靈源子以上合一卷　魏嵇康撰
雲門子　梁劉勰撰

于山子　晉陸機撰
石匏子　北齊劉晝撰
無能子　唐□□撰
譚子以上合一卷　南唐譚峭撰
文中子　隨王通撰
天隨子　唐陸龜蒙撰
鹿門子　唐皮日休撰
玄真子　唐張志和撰
來子　唐來鵠撰
文泉子　唐劉蛻撰
協律子以上合一卷　唐李翱撰
靈璧子　唐羅隱撰
次山子　唐元結撰
東萊子　宋呂祖謙撰
邵子　宋邵雍撰
橫渠子　宋張載撰

長春子　宋石介撰
草廬子　元吳澄撰
道園子　元虞集撰
郁離子以上合一卷　明劉基撰

新增格古要論十三卷

明曹昭撰　王佐增補　明黄正位刻清淑船堂重修本　八册　十行二十字小字雙行同白口四周單邊　有刻工　封面鐫淑船堂藏板

子 924 5567 *

玉芝堂談薈三十六卷

明徐應秋輯　明末徐氏蒨園刻本　三十二册　九行十九字小字雙行同白口四周單邊　封面鐫蒨園藏板　鈐直隸圖書館收藏記

子 925 2802

諸子品節五十卷存二十七卷

一至二十七

明陳深輯　明萬曆間刻本　十六册　九行二十字小字雙行同白口四周單邊　鈐直隸圖書館收藏記

子 925 7537

小說家類

天水冰山錄不分卷附錄一卷 明□□撰 **鈐山堂書畫記一卷**
明文嘉撰　清乾隆五十一年刻本知不足齋叢書本　五冊　九行二十一字小字雙行同黑口左右雙邊　子93 1013

皇華紀聞四卷
清王士禛撰　清康熙二十九年刻本　四冊　十行十九字黑口左右雙邊　子93 1043

耳食錄十二卷
清樂鈞撰　清乾隆五十七年夢花樓刻本　四冊　八行十七字白口四周雙邊　封面鐫乾隆壬子鐫　夢花樓藏板　子93 2287

小窗豔紀十四卷
存九卷 六至十四
明吳從先撰　明刻本　四冊　八行十八字白口四周單邊　子93 2622

西京雜記六卷 題晉葛洪撰 明末汲古閣刻本 一冊 九行二十字小字雙行同白口左右雙邊 書口鐫汲古閣

子93 4434

寄園寄所寄十二卷 清趙吉士撰 清康熙三十四年刻本 十五冊 十一行二十三字小字雙行同白口左右雙邊

存十一卷 一至九 十一至十二

子93 4944

類書類

御定駢字類編二百四十卷 清康熙五十八年官撰 清雍正四年武英殿刻本 一百二十冊 十行二十一字小字雙行同黑口四周雙邊

子94 0077

古今合璧事類備要前集六十九卷後集八十一卷續集五十

子94 0420

六卷 宋謝維新撰 **別集九十四卷外集六十六卷** 宋虞載撰 明嘉靖三十五年衢州夏氏刻本 六十九冊 八行字數不一小字雙行二十四字白口左右雙邊 前集目録後鐫嘉靖壬子春正月三衢近峯夏相宋板摹刻至丙辰冬十月事竣

存 前集（全） 後集存六十七卷（十五至八十一） 續集存三十六卷（二十一至五十六） 別集（全） 外集存五十五卷（一至五十五）

小學紺珠十卷 宋王應麟撰 明汲古閣刻本 六冊 八行十九字小字雙行同白口左右雙邊 書口鐫汲古閣 子94 1000

小學紺珠十卷 宋王應麟撰 清乾隆十七年恕堂刻袖珍本 五冊 十行二十一字小字雙行同白口四周雙邊 封面鐫恕堂藏板 子94 1000=2

玉海二百卷附十四種六十五卷 宋王應麟撰 元至元六年慶元路儒學刻元明清遞修本 一百冊 十行二十字白口版框不一 有刻工 書口鐫嘉靖乙卯年 崇禎丁丑年刊 康熙二十六年刊 鈐蓮池書院收藏書籍印 直隸圖書館收藏記 子94 1000

附十四種

辭學指南四卷
詩攷一卷
漢藝文志攷證十卷
詩地理攷六卷
通鑑地理通釋十四卷
周書王會一卷
漢制攷四卷
踐阼篇集解一卷
急就篇四卷
小學紺珠十卷
周易鄭康成注一卷
通鑑答問五卷
姓氏急就篇二卷
六經天文編二卷

新刻古今事物考八卷

明王三聘輯　胡文煥校　明刻本　四冊　十行二十字白口左右雙邊　鈐直隸圖書館收藏記

子94
1011

詞林海錯十二卷　明夏樹芳輯　明萬曆刻本　六冊　七行十六字白口四周單邊　有刻工　鈐蓮池書院收藏書籍印　直隸圖書館收藏記　子94 1044

名句文身表異錄二十卷　明王志堅輯　清康熙四十七年重刻本　四冊　十一行二十一字小字雙行三十一字黑口左右雙邊　鈐直隸圖書館收藏記　子94 1047

冊府元龜一千卷目錄十卷　宋王欽若等輯　明崇禎十五年黃國琦刻本　二百冊　十行二十字小字雙行同白口四周單邊　鈐直隸圖書館收藏記　子94 1084

省軒考古類編十二卷　清柴紹炳撰　清雍正四年澹成堂刻本　六冊　十行二十一字小字雙行同黑口左右雙邊　封面鐫澹成堂藏板　鈐直隸圖書館收藏記　子94 2229

省軒考古類編十二卷　清柴紹炳撰　清雍正三年刻本　四冊　十行二十一字小字雙行同黑口左右雙邊　鈐直隸圖書館收藏記　子94 2229=2

初學記三十卷　唐徐堅等輯　明嘉靖十年楊鑨九洲書屋刻本　二十四册　九行十八字小字雙行二十四字白口左右雙邊　書口鐫九洲書屋　有刻工　卷端下鐫錫山安國重刊　鈐直隸圖書館收藏記　子94 2877 *

初學記三十卷　唐徐堅等輯　明萬曆十五年徐守銘寧壽堂刻本　十八册　九行十八字小字雙行二十四字白口左右雙邊　書口鐫寧壽堂　卷端鐫三吴徐守銘校刊　鈐蓮池書院收藏書籍印　直隸圖書館收藏記　子94 2877=2

存二十一卷　一至十五　二十五至三十

杜韓詩句集韻三卷　清汪文柏撰　清康熙四十六年汪氏古香樓刻本　三册　八行大字不等小字雙行二十三字黑口左右雙邊　封面鐫古香樓藏板　書後鐫康熙歲次丙戌中秋開雕丁亥立夏日告竣　子94 3104

經濟類編一百卷　明馮琦撰　明萬曆三十二年吴光義等校刻本　五十册　十行二十字白口四周單邊　校刻姓氏後鐫大明萬曆三十二年校刻於浙虎林郡南屏山　子94 3114 *

五車韻瑞一百六十卷目錄一卷洪武正韻一卷 明淩稚隆撰 明刻本 三十二冊 十行二十字小字雙行二十七字白口左右雙邊 封面鐫文茂堂梓行 子94 3427

新編古今事文類聚別集三十二卷 宋祝穆撰 明德壽堂刻本 十冊 十一行二十四字白口四周單邊 書口鐫德壽堂梓 子94 3626

新編古今事文類聚遺集十五卷 元祝淵撰 明萬曆三十二年德壽堂刻本 八冊 十一行二十四字白口四周單邊 書口鐫德壽堂梓 子94 3632

山堂肆考二百二十八卷補遺十二卷 明彭大翼撰 明萬曆間刻本 八十冊 十一行二十二字白口四周單邊 封面鐫京都文錦堂藏板 子94 4241

廣博物志五十卷 明董斯張撰 清乾隆二十六年高暉堂刻本 三十二冊 九行十八字小字雙行同白口四周單邊 書口鐫高暉堂 有刻工 封面鐫乾隆辛巳冬鐫 高暉堂藏板 子94 4441

太平御覽一千卷目錄十卷　宋李昉等撰　明萬曆元年倪炳刻本　一百二十冊　十一行二十二字小字雙行同白口四周單邊　鈐蓮池書院收藏書籍印　直隸圖書館收藏記　子94 4460 *

太平御覽一千卷目錄十卷　宋李昉等撰　明萬曆元年倪炳刻本　一百冊　子94 4460 (2)

潛確居類書一百二十卷　明陳仁錫撰　明崇禎刻本　三十七冊　十行二十字小字雙行同白口四周單邊　鈐蓮池書院收藏書籍印　直隸圖書館收藏記　子94 7528 *

天中記六十卷　明陳耀文編　屠隆校　明萬曆二十三年刻本　三十二冊　十一行二十一字白口左右雙邊　鈐蓮池書院收藏書籍印　直隸圖書館收藏記　子94 7590 *

新增說文韻府羣玉二十卷　元陰時夫輯　陰中夫注　明崇文堂刻本　十七冊　十一行二十二小字雙行同白口四周單邊　封面鐫崇文堂藏板　子94 7865

存十六卷　一至十二　十七至二十

新增說文韻府羣玉二十卷　元陰時夫輯　陰中夫注　明崇文堂刻本　七册　存十二卷　六至七　九至十八

子94 7865 (2)

史學璧珠十八卷　明錢應充撰　明萬曆二十五年刻本　三册　九行二十字小字雙行同白口四周雙邊　存七卷　一至三　十五至十八

子94 8300

釋家類

一切經音義二十五卷　唐釋玄應撰　清莊炘等校　補訂新譯大方廣佛華嚴經音義二卷　唐釋慧苑撰　清同治八年刻本　六册　十二行二十四字小字雙行同黑口四周單邊　鈐直隸圖書館收藏記

子95 0000

宗鏡録一百卷 宋釋延壽撰 清雍正十三年内府刻本 十冊 十行二十字白口四周單邊 子95 1240

存五十卷 一至五十

宗鏡録一百卷 宋釋延壽撰 清雍正十三年内府刻本 七冊 子95 1240 (2)

存三十五卷 四十一至四十五 五十一至七十 九十一至一百

賢首五教儀開蒙增註四卷 釋通理述 心興校訂 清乾隆五十八年刻本 四冊 十行二十字小字雙行同黑口左右雙邊 子95 3716

一切經音義一百卷 唐釋慧琳撰 日本元文二歲刻本 續一切經音義十卷 釋希麟撰 日本延享三年刻本 五十五冊 十行二十字黑口四周雙邊 封面鐫榑桑雒東獅谷白蓮社藏板 續封面鐫大日本延享二年乙丑冬十一月 鈐直隸圖書館收藏記 子95 5514

道家類

南華真經評注五卷　周莊周著　晉向秀註　晉郭象評　明大盛堂刻本　五冊　六行十七字註釋六行白口左右雙邊　封面鐫大盛堂梓行　子96 4477

三子合刊十六卷　明閔齊伋輯　明閔氏刻朱墨套印本　十六冊　九行十九字白口四周單邊　每書之末均鐫西吳閔齊伋遇五父校　鈐直隸圖書館收藏記　子96 7702 *Z

老子道德真經二卷音義二卷
莊子南華真經四卷音義四卷
列子沖虛真經二卷音義二卷

南華發覆八卷　明釋性涵註　明天啓崇禎間刻本　六冊　九行二十字小字雙行同白口四周單邊　子96 9537

性命圭旨四卷

清康熙棣鄂堂重刻本　四册　十一行十八字白口無邊欄無格　封面鐫尹真人秘授　棣鄂堂藏板

子96
9584

集部

楚辭類

楚辭十七卷疑字直音輔一卷　漢王逸章句　明刻本　四冊　八行十七字小字雙行同白口四周雙邊　集1 1037

楚騷五卷　楚屈原撰　明萬曆二十九年朱氏重刻本　四冊　五行十字白口四周單邊　鈐蓮池書院收藏書籍印　直隸圖書館收藏記　集1 7771

別集類

庾開府集十二卷　北周庾信撰　明汪士賢校刊本　二册　九行二十字小字雙行同白口左右雙邊　鈐直隸圖書館收藏記　集21 0020

蔡中郎集六卷補遺一卷　漢蔡邕撰　清雍正年刻本　二册　十行二十字小字雙行同黑口四周單邊　鈐直隸圖書館收藏記　集21 4422

類箋唐王右丞詩集十卷文集四卷外編一卷　唐王維撰　明顧起經輯並注　**年譜一卷**　明顧起經撰　**唐諸家同詠集一卷贈題集一卷歷朝諸家評王右丞詩畫鈔一卷**　明顧起經撰　明嘉靖三十五年無錫顧氏奇字齋刻本　四册　九行十八字小字雙行同細黑口左右雙邊　鈐直隸圖書館收藏記　集22 1020

白氏長慶集七十一卷目錄二卷　唐白居易撰　**附錄一卷**　明萬曆三十四年馬元調刻本　十册　十行二十一字小字雙行同白口左右雙邊　鈐直隸圖書館收藏記　集22 2676

韋蘇州集十卷拾遺一卷　唐韋應物撰　明弘治九年李瀚劉玘刻遞修本　二册　十行十八字黑口四周雙邊　鈐直隸圖書館收藏記　集22 4002 *Z

重訂李義山詩集箋註三卷集外詩箋註一卷　唐李商隱撰　清朱鶴齡箋註　程夢星刪補　清乾隆九年東柯草堂刻本　六冊　十行二十一字小字雙行三十一字黑口四周單邊　鈐直隸圖書館收藏記

集22 4007

李義山詩集三卷　唐李商隱撰　清朱鶴齡箋註　詩譜一卷諸家詩評一卷　清順治十六年素位堂刻本佚名朱墨批點題識　四冊　十行二十一字小字雙行同白口左右雙邊　封面鐫素位堂梓行

集22 4007

李義山文集十卷　唐李商隱撰　清徐樹穀箋　徐炯註　六冊　清康熙四十七年徐氏花谿草堂刻本　十行二十一字小字雙行三十一字白口左右雙邊　有刻工　封面鐫花谿草堂藏板　鈐直隸圖書館收藏記

集22 4007

李文饒文集二十卷　唐李德裕撰　明韓敬評點　茅北河詮定　明天啓四年吳興茅氏刻本　六冊　九行十九字白口四周單邊　書口鐫李衛公文集

集22 4023 *

李太白詩集二十二卷　唐李白撰　宋嚴羽評點　明末刻本　四冊　九行二十字白口左右雙邊　鈐直隸圖書館收藏記　集22 4026

分類補註李太白詩二十五卷　唐李白撰　宋楊齊賢集註　元蕭士贇補註　明許自昌校　唐翰林李太白年譜一卷　宋薛仲邕撰　明萬曆三十年許自昌刻《合刻李杜詩集》本　二十冊　九行二十字小字雙行同白口左右雙邊　鈐直隸圖書館收藏記　集22 4026

李長吉歌詩四卷首一卷外集一卷　唐李賀撰　清王琦輯彙解　清乾隆二十五年王氏寶笏樓刻本　二冊　十行二十字小字雙行同白口左右雙邊　封面鐫寶笏樓藏板　鈐直隸圖書館收藏記　集22 4046

李長吉昌谷集句解定本四卷　唐李賀撰　清姚佺箋　陳憭　丘象隨辯註　清初丘象隨西軒刻寶翰樓印本　四冊　九行二十字小字雙行同白口四周單邊　封面鐫諸家總釋　西軒藏板　鈐蓮池書院收藏書籍印　直隸圖書館收藏記　集22 4046

唐黃御史集八卷附錄一卷　唐黃滔撰　明崇禎十一年黃氏刻本　四冊　八行十八字白口左右雙邊　封面鐫思敬堂藏板　集22 4432

杜工部集二十卷首一卷　唐杜甫撰　明王世貞等五家評點　清光緒二年廣東翰墨園刻六色套印本　十册　封面鐫光緒丙子三月粵東翰墨園刊　集22 4453

杜工部集二十卷首一卷　唐杜甫撰　明王世貞等五家評點　清光緒二年廣東翰墨園刻六色套印本　十册　八行二十字小字雙行同黑口左右雙邊　封面鐫光緒丙子三月粵東翰墨園刊　鈐直隸圖書館收藏記　集22 4453 (2)

杜工部集二十卷　唐杜甫撰　清錢謙益箋註　年譜一卷諸家詩話一卷唱酬題咏附錄一卷附錄一卷　清康熙六年季氏靜思堂刻本　六册　鈐直隸圖書館收藏記　集22 4453

杜少陵集十卷　唐杜甫撰　明刻本　佚名硃墨批點　八册　十行二十一字白口四周單邊　存八卷　一至六　八　十　集22 4453

讀杜心解六卷首二卷　唐杜甫撰　清浦起龍解　清雍正二年浦氏寧我齋刻本　十二冊　十行二十二字小字雙行三十三字白口左右雙邊　書口鐫寧我齋　集22 4453

杜律啓蒙十二卷年譜一卷　唐杜甫撰　清邊連寶集註　清乾隆四十二年初刻本　四冊　九行十九字小字雙行同白口左右雙邊　封面鐫乾隆丁酉初刻　集22 4453 *

朱文公校昌黎先生文集四十卷外集十卷遺文一卷　唐韓愈撰　宋朱熹攷異　王伯大音釋　集傳一卷　明萬曆三十三年朱崇沐刻本　十二冊　九行十八字小字雙行同白口四周雙邊　封面鐫寶翰堂梓行　集22 4480

朱文公校昌黎先生文集四十卷外集十卷遺文一卷　唐韓愈撰　宋朱熹攷異　王伯大音釋　集傳一卷　明萬曆三十三年朱崇沐刻本　十六冊　封面鐫寶翰堂梓行　鈐直隸圖書館收藏記　集22 4480 (2)

昌黎先生集四十卷外集十卷遺文一卷　唐韓愈撰　宋廖瑩中校正　朱子校　明萬曆間東吳徐氏東雅堂刻本　佚名朱墨評點　十二冊　九行十七字小字雙行同細黑口四周雙邊　有刻工　書口鐫東雅堂　各卷後鐫東吳徐氏刻梓家塾　鈐蓮池書院收藏書籍印　直隸圖書館收藏記　集22 4480 *

昌黎先生集傳一卷

重刊校正笠澤叢書四卷補遺詩一卷續補遺一卷　唐陸龜蒙撰　清大疊山房刻本　二冊　九行十八字白口左右雙邊　封面鐫大疊山房重刊　鈐直隸圖書館收藏記　集22 7424

唐陸宣公集二十二卷　唐陸贄撰　清雍正元年年羹堯積雪齋刻本　六冊　十行二十字白口四周單邊　集22 7445

唐陸宣公集二十二卷　唐陸贄撰　清雍正元年年羹堯積雪齋刻本　四冊　十行二十字白口四周單邊　集22 7445=2

廬陵宋丞相信國公文忠烈先生全集十六卷　宋文天祥撰　清雍正三年文有煥等五桂堂刻乾　集23 0013

隆間重修本　十二冊　十行二十字白口四周雙邊　封面鐫雍正三年新鐫　五桂堂藏版　鈐蓮池書院收藏書籍印　直隸圖書館收藏記

宋丞相文山先生全集二十卷　宋文天祥撰　清康熙十二年曾弘重刻本　十冊　十行二十字白口四周雙邊　卷端下鐫吉水後學曾弘重梓　集23 0013

蛟峰先生文集十卷外集三卷山房先生遺文一卷　宋方逢辰撰　明活字印本　四冊　十行二十一字白口四周單邊　鈐蓮池書院收藏書籍印　直隸圖書館收藏記　集23 0037 *Z

新刻石室先生丹淵集四十卷拾遺二卷　宋文同撰　**年譜一卷**　宋家誠之撰　**續編諸公書翰詩文一卷雜紀一卷**　明萬曆四十年蒲以懌刻本　八冊　十行二十字白口四周單邊　集23 0077 *

司馬溫公文集八十二卷　宋司馬光撰　明崇禎元年吳時亮刻本　二十四冊　九行二十字白口四周雙邊　集23 1779

司馬溫公文集八十二卷　宋司馬光撰　明崇禎元年吳時亮刻清康熙四十七年蔣起龍修補本　二十四冊　九行二十字白口四周雙邊　鈐直隸圖書館收藏記

集23 1779=2

西山先生真文忠公文集五十五卷目錄二卷　宋真德秀撰　明萬曆二十五年景賢堂刻清康熙四年重修本　二十冊　十行二十字白口四周雙邊　有刻工　鈐蓮池書院收藏書籍印　直隸圖書館收藏記

集23 4022

宋李忠定公奏議選十五卷文集選二十九卷卷首四卷　宋李綱撰　明左光先　李春熙等輯　明崇禎十二年刻本　十冊　十行二十字白口四周單邊　鈐直隸圖書館收藏記

集23 4027 *

宋李忠定公奏議選十五卷文集選二十九卷卷首四卷　宋李綱撰　明左光先　李春熙等輯　明末刻本　十六冊　十行二十字白口四周單邊

集23 4027=2

箋釋梅亭先生四六標準四十卷 宋李劉撰 明孫雲翼箋註 明萬曆四十四年金陵唐鯉飛刻本 十二冊 十行二十一字小字雙行同白口左右雙邊 封面鐫古吳聚錦堂梓 集23 4072

東坡先生編年詩補註五十卷年表一卷 清查慎行撰 清乾隆二十六年查開香雨齋刻本 十六冊 十行二十一字小字雙行三十一字白口左右雙邊 封面鐫乾隆辛巳小春鐫 香雨齋藏板 書口鐫香雨齋 鈐蓮池書院收藏書籍印 直隸圖書館收藏記 集23 4092

宋端明殿學士蔡忠惠公文集三十六卷 宋蔡襄撰 清雍正十二年至清乾隆五年間蔡氏遜敏齋刻本 十六冊 九行二十一字白口四周單邊 書口鐫遜敏齋 鈐蓮池書院收藏書籍印 直隸圖書館收藏記 集23 4400

蘇學士文集十六卷 宋蘇舜欽撰 清康熙三十七至三十八年徐氏白華書屋刻本 二冊 十行二十一字白口四周单邊 封面鐫白華書屋藏版 集23 4428

蘇學士文集十六卷　宋蘇舜欽撰　清康熙三十七至三十八年徐氏白華書屋重刻本　四冊　十行二十一字白口四周单邊　封面鐫白華書屋藏版　鈐直隸圖書館收藏記

集23
4428=2

東坡詩選十二卷附本傳　宋蘇軾撰　明譚元春選　東坡先生年譜一卷　宋王宗稷撰　明天啓元年文盛堂刻本　八冊　八行十七字白口四周單邊　封面鐫文盛堂藏板

集23
4453

施註蘇詩四十二卷　宋蘇軾撰　施元之　顧禧註　清邵長蘅　顧嗣立　宋至刪補　蘇詩續補遺二卷　清馮景補註　王註正譌一卷　清邵長蘅撰　東坡先生年譜一卷　宋王宗稷撰　清康熙三十八年宋犖刻本　十五冊　十行二十一字小字雙行三十一字黑口四周單邊

集23
4453

施註蘇詩四十二卷　宋蘇軾撰　施元之　顧禧註　清邵長蘅　顧嗣立　宋至刪補　蘇詩續補遺二卷　清馮景補註　王註正譌一卷　清邵長蘅撰　東坡先生年譜一卷　宋王宗稷撰　清康熙三十八年宋犖刻本　八冊　十行二十一字小字雙行三十一字黑口四周單邊　鈐蓮池書院收藏書籍印　直隸圖書館收藏記

集23
4453=2

存三十四卷　九至四十二

東坡集四十卷奏議十五卷後集二十卷内制集十卷樂語一卷外制集三卷應詔集十卷續集十二卷　宋蘇軾撰　東坡先生年譜一卷　宋王宗稷撰　東坡先生墓誌銘一卷　宋蘇轍撰　校記二卷　清繆荃孫撰　清宣統元年端方寶華盦重刊明成化刻本繆荃孫校并跋　四十八冊　十行二十字黑口四周雙邊　封面鐫寶華盦　光緒戊申刊宣統己酉成　集23 4453

東坡先生全集七十五卷　宋蘇軾撰　明陳明卿訂正　明末文盛堂刻本　三十八冊　十行十九字白口左右雙邊　封面鐫文盛堂藏板　鈐直隸圖書館收藏記　集23 4453

石湖居士三十四卷　宋范成大撰　清顧嗣立等重訂　清康熙二十七年顧氏依園刻本　八冊　十一行二十一字小字雙行同細黑口左右雙邊　封面　集23 4454

鐫依園藏板　鈐直隸圖書館收藏記

石湖居士三十四卷　宋范成大撰　清顧嗣立等重訂　清康熙間愛汝堂刻本佚名圈點　八冊　十一行二十一字小字雙行同細黑口左右雙邊　書口鐫愛汝堂　鈐直隸圖書館收藏記　集23 4454=2

海瓊玉蟾先生文集六卷續集二卷　宋葛長庚撰　明朱權重編　明萬曆間何繼高等校刻本　六冊　九行二十字白口左右雙邊　集23 4470 *

存六卷　一至六

楊大年先生武夷新集二十卷　宋楊億撰　清康熙中楊氏刻本　六冊　八行二十字白口四周單邊　有刻工　集23 4620

文恭集五十卷補遺一卷　宋胡宿撰　清抄本　十冊　十二行二十三字無邊欄　鈐蓮池書院收藏書籍印　直隸圖書館收藏記　集23 4730

河東先生集十五卷 宋柳開撰 **行狀一卷** 宋張景撰 清乾隆六十年文印堂刻本 四册 十行二十一字黑口左右雙邊 封面鐫蘭溪文印堂藏板 鈐直隸圖書館收藏記 集23 4777

友林乙藁一卷 宋史彌寧撰 清影宋刻本 二册 八行十六字白口左右雙邊 有刻工 鈐蓮池書院收藏書籍印 直隸圖書館收藏記 集23 5013

淮海集四十卷後集六卷長短句三卷 宋秦觀撰 清康熙二十八年重刻本 八册 九行二十一字白口左右雙邊 鈐直隸圖書館收藏記 集23 5046

晁具茨先生詩集十五卷 宋晁沖之撰 明刻巾箱本 四册 八行十七字小字雙行同黑口四周單邊 鈐蓮池書院收藏書籍印 直隸圖書館收藏記 集23 6033

劉屏山先生全集二十卷 宋劉子翬撰 清康熙三十九年重刻本鄭諱評點 四册 十行十九字白口四周單邊 鈐直隸圖書館收藏記 集23 7211

渭南文集五十卷 宋陸游撰 明末毛氏汲古閣刻本 十册 八行十八字白口左右雙邊 下書口鐫汲古閣 集23 7438

渭南文集五十卷　宋陸游撰　明末毛氏汲古閣刻本　十二冊　下書口鐫汲古閣　鈐蓮池書院收藏書籍印　直隸圖書館收藏記　集23 7438 (2)

劍南詩稾八十五卷　宋陸遊撰　明汲古閣刻本　二十四冊　八行十八字白口左右雙邊　鈐蓮池書院收藏書籍印　直隸圖書館收藏記　集23 7438

周濂溪先生全集十三卷　宋周敦頤撰　清張伯行輯　清康熙四十七年張伯行正誼堂刻本　四冊　十行二十二字白口四周單邊　下書口鐫正誼堂　鈐蓮池書院收藏書籍印　直隸圖書館收藏記　集23 7707

歐陽文忠公全集一百零五卷　宋歐陽修撰　**年譜一卷**　宋胡柯撰　清康熙十一年曾弘校刊本　二十五冊　十行二十字白口四周單邊　鈐直隸圖書館收藏記　集23 7772

宋大家歐陽文忠公文鈔三十二卷　宋歐陽修撰　明茅坤評　明刻本　十二冊　九行二十字白口四周單邊　集23 7772

元豐類稿五十卷 宋曾鞏撰 清康熙四十九年曾國光重修本 六冊 十行二十字白口左右雙邊 集23 8017

遺山先生詩集二十卷 金元好問撰 明崇禎十一年毛氏汲古閣元人集十種刻本 六冊 九行十九字白口左右雙邊 書口鐫汲古閣 鈐直隸圖書館收藏記 集24 1047

楊仲弘集八卷 元楊載撰 清嘉慶十五年祝昌泰留香室刻浦城遺書本 一冊 十行二十三字白口四周雙邊 書口鐫留香室開雕 鈐直隸圖書館收藏記 集25 4643

趙文敏公松雪齋全集十卷外集一卷續集一卷 元趙孟頫撰 清曹培廉校 **附行狀謚文一卷** 清康熙五十二年曹培廉城書室刻本 六冊 十行十九字白口左右雙邊 鈐直隸圖書館收藏記 集25 4913

霞外詩集十卷 元馬臻撰 **句曲外史集三卷補遺三卷附一卷** 元張雨撰 **張伯雨集外詩一卷** 明毛晉訂 明末海虞毛氏汲古閣刻本元人十種詩本 六冊 九行十九字白口左右雙邊 書口鐫汲 集25 7115

古閣　鈐蓮池書院收藏書籍印　直隸圖書館收藏記

集25 7542
陳定宇先生文集十六卷別集一卷　元陳櫟撰　清陳嘉基訂　清康熙三十五年珠谿敦倫堂刻本　六冊　十行二十二字黑口左右雙邊　封面鐫珠谿敦倫堂藏板

集25 7542 (2)
陳定宇先生文集十六卷別集一卷　元陳櫟撰　清陳嘉基訂　清康熙三十五年珠谿敦倫堂刻本　六冊　鈐蓮池書院收藏書籍印　直隸圖書館收藏記

集26 0023
荊川文集十八卷　明唐順之撰　清康熙五十一年唐執玉刻本　八冊　十行二十一字黑口左右雙邊　封面鐫二南堂藏板　鈐直隸圖書館收藏記

集26 0038
青邱高季迪先生詩集十八卷遺詩一卷扣舷集一卷附錄一卷鳧藻集五卷　明高啓撰　清金檀輯註　清金檀輯　**青邱高季迪先生年譜一卷**　清金檀撰　清雍正六年刻本鳧藻集卷五末頁為手抄配頁　十冊　十一行二十二字小字雙行三十三字白口左右雙邊　鈐蓮池書院收藏書籍印　直隸圖書館收藏記

集26 0038 (2)
青邱高季迪先生詩集十八卷遺詩一卷 明高啓撰 清金檀輯註 扣舷集一卷附錄一卷鳧藻集五卷 清金檀輯 青邱高季迪先生年譜一卷 清金檀撰 清雍正六年刻本鳧藻集卷五末頁為手抄配頁 八冊

集26 0041
方正學先生遜志齋集二十四卷 明方孝孺撰 盧演輯 方正學先生遜志齋集年譜一卷拾補一卷外紀一卷 明張紹謙 盧演輯纂 清康熙四十四年刻本 二十六冊 十行二十字白口四周單邊 鈐直隸圖書館收藏記

集26 0057 *
商文毅公集十卷 明商輅撰 明萬曆三十一年劉體元刻本 四冊 十行二十字白口四周雙邊 鈐蓮池書院收藏書籍印 直隸圖書館收藏記

夏桂州先生文集十八卷年譜一卷 明夏言撰 明崇禎十一年吳一璘刻本 十四冊 十行十九字白口四周單邊 卷端下鐫外孫吳一璘淑采較刊 鈐直隸圖書館收藏記

集26 1000 *

熊峯先生詩集十卷 明石珤撰 清康熙九年孫光㷆刻本 八冊 九行二十字白口四周單邊

集26 1018

龍谿王先生全集二十二卷 明王畿撰 明萬曆四十三年丁賓張汝霖刻本 六冊 十行二十字白口左右雙邊 鈐直隸圖書館收藏記

集26 1022

存二十一卷 一至十八 二十至二十二

王忠文公文集二十四卷 明王褘撰 明嘉靖元年張齊刻本 十二冊 十行二十字白口左右雙邊 有刻工 書口鐫新安黃氏刊 鈐蓮池書院收藏書籍印 直隸圖書館收藏記

集26 1034 *Z

王忠文公集四十六卷 明王禕撰 附錄一卷 明鄭濟等撰 明崇禎十二年刻本 十二冊 九行十八字白口左右雙邊 鈐蓮池書院收藏書籍印 直隸圖書館收藏記 集26 1034

東洲初稿十四卷 明夏良勝撰 羅江輯 明正德十五年刻本 八冊 十一行二十字白口左右雙邊 鈐蓮池書院收藏書籍印 直隸圖書館收藏記 集26 1037 *Z

王文端公詩集二卷尺牘八卷 明王家屏撰 明萬曆四十年至四十五年刻本 五冊 十行二十字白口四周雙邊 有刻工 鈐直隸圖書館收藏記 集26 1037

王文恪公集三十六卷 明王鏊撰 名公筆記一卷 明吳廷舉等撰 明三槐堂刻本 八冊 九行二十字白口四周單邊 下書口鐫三槐堂 鈐蓮池書院收藏書籍印 直隸圖書館收藏記 集26 1058

重鐫心齋先生全集六卷 明王艮撰 明萬曆刻本 六冊 九行十八字小字雙行同白口左右雙邊 鈐直隸圖書館收藏記 集26 1077 *

王文肅公牘草十八卷 明王錫爵撰 明萬曆四十三年王時敏刻本 六冊 九行十八字白口四周單邊 鈐直隸圖書館收藏記 集26 1082 *

張文定公環碧堂集十八卷　明張邦奇撰　明刻本　四冊　十行二十一字白口左右雙邊　有刻工　鈐直隸圖書館收藏記　集26 1154

新刻張太岳先生集四十七卷　明張居正撰　明萬曆四十年刻本　十六冊　十行二十字白口四周單邊　鈐蓮池書院收藏書籍印　直隸圖書館收藏記　集26 1171

新刻張太岳先生集四十七卷　明張居正撰　明萬曆四十年刻本　十六冊　集26 1171 (2)

高陽集十八卷　明孫承宗撰　清順治十二年孫之淓刻本　十冊　九行十八字白口四周單邊　集26 1213

容春堂續集十八卷別集九卷　明邵寶撰　明正德間刻本　十冊　十行二十字白口左右雙邊　集26 1730

何文定公文集十一卷　明何瑭撰　明萬曆四年賈待問等刻本　四冊　十行二十一字白口左右雙邊　目錄後鐫萬曆四年夏五月五日重刻　鈐直隸圖書館收藏記　集26 2110

何文簡公文集十八卷　明何孟春撰　明萬曆間郭崇嗣　邵城刻本　十冊　十一行二十二字白口四周單邊　鈐蓮池書院收藏書籍印　直隸圖書館收藏記　集26 2115 *

凌谿先生集十八卷　明朱應登撰　明刻清遞修本　四冊　十行十九字白口四周單邊　鈐直隸圖書館收藏記　集26 2501

莊渠先生遺書十六卷　明魏校撰　明嘉靖四十二年王道行　張焯刻本　十冊　十行二十一字白口左右雙邊　鈐蓮池書院收藏書籍印　直隸圖書館收藏記　集26 2640 *Z

藏甲巖稿六卷　明吳國倫撰　明萬曆二年唐汝禮刻本　二冊　九行十八字白口四周雙邊　集26 2662 *

篁墩程先生文集九十三卷拾遺一卷　明程敏政撰　明正德二年何歆刻本　三十冊　十三行二十七字白口　集26 2681 *Z

四周單邊間左右雙邊　鈐直隸圖書館收藏記

集26 2714 * 鄒子願學集八卷　明鄒元標撰　明萬曆四十七年龍遇奇　郭一鶚刻本　七册　九行十九字白口四周單邊　鈐蓮池書院收藏書籍印　直隸圖書館收藏記

集26 2721 解文毅公集十六卷首一卷　明解縉撰　附錄一卷　清乾隆三十二年解韜敦仁堂重刻本　六册　十行十九字白口左右雙邊　封面鐫敦仁堂藏板　鈐直隸圖書館收藏記

集26 2836 * 徐文長文集三十卷補遺一卷　明徐渭撰　袁宏道評點　徐文長傳一卷　明萬曆四十二年刻本　十册　九行二十字白口四周單邊　鈐直隸圖書館收藏記

集26 3015 宋布衣文集二卷詩集一卷　明宋登春撰　清平閣倡和詩一卷　明宋登春　李先芳等撰　清乾隆二十一年誠意堂刻本　四册　九行十九字白口四周單邊　封面鐫乾隆二十一年六月丁酉新鐫　誠意堂梓行

集26 3153 * 瑞陽阿集十卷　明江東之撰　清乾隆八年東皐堂重刻本　四册　十行二十一字白口四周雙邊　封面鐫乾隆癸亥重鋟　東皋堂藏板

空同子集六十六卷目錄三卷附錄二卷　明李夢陽撰　明萬曆三十年鄧雲霄刻本　二十四冊　十行二十字白口左右雙邊　鈐直隸圖書館收藏記　集26 4047 *

存六十六卷　一至六十六

蒲石山房集五卷　明李愈撰　明萬曆三十九年李棨家刻本　五冊　八行十八字白口四周單邊　鈐直隸圖書館收藏記　集26 4080 *

毅齋查先生闡道集十卷首一卷附一卷　明查鐸撰　清乾隆濟陽家塾刻本　四冊　九行二十字白口四周雙邊　封面鐫濟陽家塾藏板　鈐直隸圖書館收藏記　集26 4086

方山薛先生全集六十八卷　明薛應旂撰　明嘉靖刻本　二十二冊　十行二十字白口四周單邊　有刻工　鈐直隸圖書館收藏記　集26 4400 *Z

集26 4420
蒼霞草二十卷詩八卷續草二十二卷　明葉向高撰　明萬曆間刻本　八冊　十行十九字白口左右雙邊　卷末鐫新安黄一桂刻　鈐直隸圖書館收藏記
存十七卷　蒼霞草一至三　十一至二十　詩五至八

集26 4428 *
董學士泌園集三十七卷　明董份撰　董黄門稿一卷　明董道醇撰　明萬曆間董嗣茂刻本　十二冊　八行十八字白口四周雙邊　鈐直隸圖書館收藏記

集26 4445 *
茅鹿門先生文集三十六卷　明茅坤撰　明萬曆刻本　十六冊　十行十九字白口左右雙邊　有刻工　書口鐫金陵戴應試刻　鈐直隸圖書館收藏記

集26 4462
韓文恪公文集二十一卷首二卷末一卷詩集十卷　明韓日纘撰　明崇禎刻本　十二冊　九行十九字白口四周單邊　有刻工　鈐直隸圖書館收藏記

岱宗藏稾五十卷　明楊夢袞撰　明天啓秣陵廣慶堂刻本卷五十第九、十頁為手抄配頁　二十四冊　九行二十字白口四周單邊　書口鐫廣慶堂原板　封面鐫秣陵廣慶堂梓行　鈐直隸圖書館收藏記　集26 4640 *

可泉辛巳集十二卷　明胡纘宗撰　明嘉靖四年刻本　四冊　十一行二十字白口左右雙邊　書口鐫正德集　鈐直隸圖書館收藏記　集26 4723 *Z

衡廬精舍藏稿三十卷　明胡直撰　明萬曆郭子章等補刻本　十冊　十行二十字白口四周雙邊　集26 4740 *

夢白先生集二卷　明趙南星撰　明挹霞閣刻本　四冊　九行十八字白口左右雙邊　有刻工　封面鐫挹霞閣藏板　集26 4946 *

明德先生文集二十六卷制藝一卷　明呂維祺撰　附新安定變全城記一卷　明張鼎延撰　清康熙二年呂兆璜　呂兆琳刻本　十二冊　十行二十一字白口左右雙邊　鈐直隸圖書館收藏記　集26 6023

念菴羅先生集十二卷 明羅洪先撰 明嘉靖四十二年刻本 八冊 十一行二十字白口四周單邊 有刻工 鈐蓮池書院收藏書籍印 直隸圖書館收藏記 集26 6032 *

劉文烈公全集十二卷 明劉理順撰 清順治十七年刻本 六冊 九行二十字白口四周單邊 鈐直隸圖書館收藏記 集26 7212

太師誠意伯劉文成公集二十卷首一卷 明劉基撰 清雍正果育堂刻本 十冊 二行二十三字白口左右雙邊 鈐蓮池書院收藏書籍印 直隸圖書館收藏記 集26 7244

白沙子全集十卷首一卷末一卷白沙子古詩教解二卷 明陳獻章撰 清乾隆三十六年碧玉樓重刻本 十冊 十行二十一字白口四周雙邊 封面鐫乾隆辛卯重鐫 碧玉樓藏板 集26 7520

翠娛閣評選陳眉公先生小品二卷 明陳繼儒撰 陸雲龍評 明崇禎崢霄館刻本 二冊 九行十九字白口四周單 集26 7522

邊　書口鎸陳眉公集

天啟宮詞一卷　明陳悰撰　清初刻本　一冊　九行十九字小字雙行同白口四周雙邊　集26 7593

白榆集詩八卷文二十卷　明屠隆撰　明萬曆二十八年龔堯惠刻本　六冊　九行二十字白口四周單邊　正文卷端下鎸太末龔堯惠梓行　集26 7777

叢碧山房詩初集十四卷二集六卷三集十一卷四集十卷五集五卷文集八卷雜著三卷附叢碧山房和陶詩一卷　清龐塏撰　清康熙刻本　十一冊　十行十九字黑口四周單邊　鈐直隸圖書館收藏記　集27 0042

定山堂詩集二十卷　清龔鼎孳撰　清龔鼎孳訂　清康熙十二年金斗刻本　六冊　九行十九字細黑口四周雙邊　集27 0128

介石堂集古文十卷詩十卷　清郭起元撰　清乾隆刻本　四冊　九行十九字小字雙行同白口左右雙邊　鈐直隸圖書館收藏記　集27 0741 *

隨村先生遺集六卷 清施瑮撰 清杭世駿訂 清乾隆四年刻本 二冊 十一行二十一字白口四周雙邊 封面鐫乾隆己未年鐫 鈐直隸圖書館收藏記 集27 0811

竹素園詩鈔八卷 清許廷鑅撰 清乾隆二十七年刻本 四冊 十行十九字白口左右雙邊 鈐直隸圖書館收藏記 集27 0818

已山先生文集十卷別集四卷傳一卷 清王步青撰 陳弘謀等撰 清乾隆敦復堂刻本 四冊 九行二十字白口左右雙邊 封面鐫敦復堂藏板 鈐直隸圖書館收藏記 集27 1025 *

青箱堂文集十二卷遺稿續刻一卷附年譜一卷 清王崇簡撰 清康熙十五年刻本 六冊 十一行二十字黑口四周雙邊 鈐直隸圖書館收藏記 集27 1028

豐川續集三十四卷 清王心敬撰 陳弘謀訂 清乾隆十六年刻本 十六冊 十行二十一字白口四周雙邊 集27 1034 *

白田草堂存稿二十四卷　清王懋竑撰　附崇祀鄉賢錄一卷行狀一卷　清乾隆間刻本　六冊　十二行二十三字小字雙行同白口左右雙邊　鈐直隸圖書館收藏記　集27 1040

漁洋山人精華錄十卷　清王士禛撰　清康熙間林佶寫刻本佚名批點　四冊　十一行二十一字細黑口左右雙邊　集27 1043

漁洋山人精華錄箋注十二卷補一卷年譜一卷　清王士禛撰　清金榮箋注　清鳳翽堂刻本　十二冊　十一行二十字小字雙行三十字白口左右雙邊　封面鐫鳳翽堂藏板　鈐直隸圖書館收藏記　集27 1043

漁洋山人精華錄箋注十二卷補一卷年譜一卷附錄一卷　清王士禛撰　清金榮箋注　清初金氏鳳翽堂刻乾隆二年續刻本　六冊　十一行二十字小字雙行三十字白口左右雙邊　封面鐫鳳翽堂藏板　書口鐫鳳翽堂　集27 1043=2

漁洋山人精華録箋注十二巻補一巻年譜一巻 清王士禛撰　清金榮箋注　清初金氏鳳翽堂刻乾隆二年續刻本　八冊　十一行二十字小字雙行三十字白口左右雙邊　鈐直隸圖書館收藏記

集27 1043=3

蠶尾集十巻蠶尾續集二巻蠶尾後集二巻 清王士禛撰　清康熙刻本　六冊　十行十九字黑口左右雙邊

集27 1043

帶經堂集九十二巻 清王士禛撰　清程哲校編　清康熙四十九年至五十年程氏七略書堂刻本　二十冊　十行十九字白口左右雙邊　封面鐫七略書堂校刊

集27 1043 *

漁洋詩二十二巻
漁洋續詩十六巻
漁洋文十四巻
蠶尾詩二巻

樓邨詩集二十五卷 清王式丹撰 清雍正四年王懋訥刻本 十二册 十一行二十一字白口左右雙邊 鈐直隸圖書館收藏記 集27 1047 *

蠶尾續詩十卷
蠶尾文八卷
蠶尾續文二十卷

于清端公政書八卷首編一卷外集一卷 清于成龍撰 蔡方炳 諸匡鼎編次 清康熙四十六年于準刻本 十册 八行二十字白口四周單邊 鈐蓮池書院收藏書籍印 直隸圖書館收藏記 集27 1050

荷塘詩集十六卷 清張五典撰 清乾隆五十三年刻本 四册 九行十九字黑口左右雙邊 鈐直隸圖書館收藏記 集27 1115

張文貞公集十二卷 清張玉書撰 清乾隆五十七年張護松蔭堂刻本 六册 十一行二十一字白口左右雙邊 書口鐫松蔭堂 封面鐫乾隆五十七年春鐫 松蔭堂藏板 鈐直隸圖書館收藏記 集27 1115

張文貞公集十二卷 清張玉書撰 清乾隆五十七年張護松蔭堂刻本 十六册 書口鐫松蔭堂 封面鐫乾隆五十七年春鐫 松蔭堂藏板 鈐直隸圖 集27 1115 (2)

書館收藏記

依水園文集前集二卷後集二卷 清張縉彦撰 清錢謙益 吴若谷評定 清順治大雅堂刻本 四册 九行十八字白口四周單邊 封面鎸大雅堂藏板 書口鎸旌德劉華宇刻 鈐直隸圖書館收藏記 集27 1120 *

南華山房詩鈔六卷賦一卷南華山人詩鈔十六卷 清張鵬翀撰 清乾隆間刻本 六册 十一行十六至二十一字不等白口左右雙邊 鈐直隸圖書館收藏記 集27 1171

御製文初集三十卷 清高宗弘曆撰 清乾隆二十九年刻本 八册 九行十七字白口四周雙邊 集27 1271

御製文初集三十卷 清高宗弘曆撰 清乾隆二十九年刻本 八册 集27 1271 (2)

御製文初集三十卷 清高宗弘曆撰 清乾隆二十九年刻本 七册 鈐直隸圖書館收藏記 集27 1271 (3)

存二十八卷 三至三十

御製文二集四十四卷　清高宗弘曆撰　清乾隆五十一年刻本　八冊　九行十七字白口四周雙邊　鈐蓮池書院收藏書籍印　直隸圖書館收藏記　集27 1271

御製文二集四十四卷　清高宗弘曆撰　清乾隆五十一年刻本　八冊　鈐蓮池書院收藏書籍印　直隸圖書館收藏記　集27 1271 (2)

御製文二集四十四卷　清高宗弘曆撰　清乾隆五十一年刻本　八冊　集27 1271 (3)

御製詩初集四十四卷目錄四卷　清高宗弘曆撰　清乾隆十四年刻本　十六冊　九行十七字白口四周雙邊　集27 1271

御製詩初集四十四卷目錄四卷　清高宗弘曆撰　清乾隆十四年刻本　十六冊　鈐蓮池書院收藏書籍印　集27 1271 (2)

御製詩二集九十卷目錄十卷　清高宗弘曆撰　清乾隆二十四年内府刻本　四十八冊　九行十七字白口四周雙邊　集27 1271

御製詩二集九十卷目錄十卷 清高宗弘曆撰 清乾隆刻本 二十四冊 九行十七字白口四周雙邊 集27 1271=2

存六十四卷 一至六十四 目錄一至十

御製全韻詩五卷 清高宗弘曆撰 清乾隆年間于敏中寫刻本 五冊 七行十四字小字雙行同白口四周雙邊 鈐蓮池書院收藏書籍印 直隸圖書館收藏記 集27 1271

樂善堂全集定本三十卷 清高宗弘曆撰 清乾隆刻本 四冊 九行十七字白口四周雙邊 鈐蓮池書院收藏書籍印 直隸圖書館收藏記 集27 1271

毛翰林集五十四卷 清毛奇齡撰 清康熙刻本 八冊 十行二十字小字雙行同白口四周單邊 集27 2042

杜詩闡三十三卷 清盧元昌撰 佚名圈點 清康熙思美廬刻本 七冊 十行二十二字小字雙行同黑口四周單邊 封面鐫思美廬藏板 集27 2116

傅山詩文集不分卷　清傅山撰　清抄本　四冊　行數與字數不一無邊欄　鈐保定市民衆教育館章　集27 2322

存研樓文集十六卷　清儲大文撰　清張耀先　瞿源洙編校　清乾隆九年自刻本　六冊　九行二十字小字雙行同白口左右雙邊　鈐直隸圖書館收藏記　集27 2440 *

受宜堂集四十卷　清納蘭常安撰　清雍正十三年自刻本　二十冊　九行二十字白口四周單邊　集27 2449 *

朱止泉先生文集八卷　清朱澤澐撰　止泉先生朱公行狀一卷　清王箴傳撰　清乾隆顧天齋刻本　二冊　十行二十二字白口左右雙邊　封面鐫顧天齋藏板　鈐直隸圖書館收藏記　集27 2533 *

海愚詩鈔十二卷　清朱孝純撰　清乾隆五十九年刻本　四冊　十行二十一字白口左右雙邊　封面鐫乾隆甲寅年鐫　桐城劉瀋學海氏校字　有刻工　鈐直　集27 2542

隸圖書館收藏記

吳詩集覽二十卷補註二十卷 清吳偉業撰 清靳榮藩補註 **談藪二卷拾遺一卷** 清靳榮藩輯 清乾隆凌雲亭刻本 十六册 九行二十一字小字雙行同黑口四周雙邊 封面鎸乾隆四十年春鎸 凌雲亭藏版 鈐直隸圖書館收藏記 集27 2623

吳詩集覽二十卷補註二十卷 清吳偉業撰 清靳榮藩補註 **談藪二卷拾遺一卷** 清靳榮藩輯 清乾隆凌雲亭刻本 二十二册 封面鎸乾隆四十年春鎸 凌雲亭藏版 集27 2623(2)

存 吳詩集覽二十卷 談藪卷上

林蕙堂全集二十六卷 清吳綺撰 清康熙三十九年刻本 二十册 九行二十一字白口左右雙邊 鈐直隸圖書館收藏記 集27 2624

存二十五卷 一至二十五

白華前稿六十卷　清吳省欽撰　清乾隆四十八年刻本　十冊　十行二十一字白口左右雙邊　鈐直隸圖書館收藏記　集27 2698

壯悔堂文集十卷遺稿一卷　清侯方域撰　清賈開宗等評點　清康熙刻本　四冊　九行二十字白口左右雙邊　鈐直隸圖書館收藏記　集27 2704

夢筆山房繭甕集八卷續編一卷閒雲詞一卷　清紀逵宜撰　清乾隆四十年家刻本　四冊　十行二十一字小字雙行同白口四周雙邊　封面鐫乾隆乙未年校刻　集27 2733 *

南陔堂詩集十二卷　清徐以昇撰　清乾隆二十六年刻本　二冊　十行十九字黑口左右雙邊　鈐直隸圖書館收藏記　集27 2826 *

憺園文集三十八卷　清徐乾學撰　清康熙三十六年冠山堂刻本　十冊　十行十九字白口左右雙邊　有刻工　封面鐫冠山堂藏板　集27 2847
存三十六卷　一至三十六

西陂類藁五十卷 清宋犖撰 清抄本 十四册 十行十九字小字雙行同白口四周單邊 書口鐫西陂類藁 鈐蓮池書院收藏書籍印 直隸圖書館收藏記

集27 3099

存四十六卷 一至四十六

綿津山人詩集二十二卷楓香詞一卷 清宋犖撰 清康熙精刻本 三册 十行十九字小字雙行同白口四周單邊 鈐直隸圖書館收藏記

集27 3099

佳山堂詩集十卷二集九卷 清馮溥撰 清康熙刻本 四册 九行十九字黑口左右雙邊 鈐直隸圖書館收藏記

集27 3133

祓園集文四卷詩四卷詞一卷 清梁清遠撰 清康熙二十七年梁允桓刻本 四册 十行十九字黑口四周雙邊

集27 3333

蕉林詩集十八卷　清梁清標撰　清康熙十七年秋碧堂刻本　六冊　九行十九字白口左右雙邊　封面鐫秋碧堂藏板　鈐直隸圖書館收藏記　集27 3334 *

蕉林詩集十八卷　清梁清標撰　清康熙十七年秋碧堂刻本　六冊　封面鐫秋碧堂藏板　集27 3334 (2)

蕉林詩集十八卷　清梁清標撰　清康熙十七年秋碧堂刻本　四冊　鈐直隸圖書館收藏記　集27 3334 (3)

沈歸愚全集七十五卷　清沈德潛撰　清乾隆教忠堂刻本　二十冊　十行十九字小字雙行同白口左右雙邊　書口鐫教忠堂　集27 3423

歸愚詩鈔二十卷
詩鈔餘集十卷
歸愚詩餘一卷
歸愚文鈔二十卷
文鈔餘集八卷
說詩晬語二卷

自訂年譜一卷
歸田集三卷
八秩壽序壽詩一卷
九秩壽序壽詩一卷
黃山遊草一卷
台山遊草一卷
南巡詩一卷
浙江省通志圖說一卷
矢音集四卷

集27 3423
歸愚文鈔二十卷歸愚文鈔餘集八卷歸愚詩餘一卷黃山遊草一卷台山遊草一卷南巡詩一卷　清沈德潛撰　清乾隆刻本　十二冊　十行十九字白口左右雙邊　鈐

直隸圖書館收藏記

集27 3423
歸愚詩鈔二十卷自訂年譜一卷　清沈德潛撰　清乾隆間教忠堂刻本　五冊　十行十九字白口左右雙邊　書口鐫教忠堂

封面鐫教忠堂藏版

湯子遺書十卷附録一卷　清湯斌撰　清康熙四十二年王廷燦刻本　四冊　十行十九字黑口左右雙邊　有刻工　集27 3603

隨園詩草八卷附一卷　清邊連寶撰　清乾隆四十年刻本　四冊　九行十九字小字双行同白口左右雙边　集27 3633 *

竹巖詩草二卷　清邊中寶撰　清乾隆四十年刻本賈恩紱題識　二冊　十行十九字白口左右雙邊　封面鐫乾隆乙未年鐫　鈐直隸圖書館收藏記　集27 3653 *

銅鼓書堂遺稿三十二卷　清查禮撰　清乾隆查淳刻本　六冊　十二行二十二字小字雙行同白口左右雙邊　卷末鐫男淳孫樞、林校刊　集27 4035

笠翁一家言全集十六卷　清李漁撰　清雍正八年芥子園刻本　五冊　九行二十字白口四周單邊　書口鐫芥子園　集27 4037

存五卷　笠翁文集卷三至四　笠翁詩集卷之六　笠翁餘集卷之八　笠翁別集卷之十

二曲集二十六卷　清李顒撰　清康熙刻本　八冊　九行二十字白口四周雙邊　集27 4061

敬業堂詩集五十卷續集六卷　清查慎行撰　佚名批點　清康熙五十八年刻雍正間增修本　十四冊　十一行二十一字小字雙行同白口左右雙邊　鈐直隸圖書館收藏記　集27 4092

敬業堂詩集五十卷　清查慎行撰　清康熙五十八年刻雍正間增修本　十六冊　十一行二十一字小字雙行同白口左右雙邊　鈐蓮池書院收藏書籍印　直隸圖書館收藏記　集27 4092

榕村全集四十卷　清李光地撰　清乾隆元年李清植刻本　十六冊　九行二十字小字雙行同白口左右雙邊　鈐蓮池書院收藏書籍印　直隸圖書館收藏記　集27 4094

退谷文集十五卷詩集七卷附行述　清黃越撰　清雍正五年光裕堂刻本　十六冊　八行二十一字白口左右雙邊　封面鐫雍正丁未秋鐫　光裕堂行　鈐蓮池書院收藏書籍印　直隸圖書館收藏記　集27 4443 *

有懷堂文稿二十二卷詩稿六卷 清韓菼撰 清康熙四十二年刻本 六冊 十一行二十一字小字雙行同白口四周單邊 封面鎸康熙四十二年鎸 集27 4444 *

緑蘿山莊文集二十四卷 清胡浚撰注 清乾隆二十一年刻本 十二冊 十行二十二字小字雙行同白口四周雙邊 封面鎸乾隆丙子年鎸 鈐直隸圖書館收藏記 集27 4733

中山文鈔四卷詩鈔四卷奏議四卷 清郝浴撰 清康熙刻本 六冊 十行二十字小字雙行同白口左右雙邊 集27 4738

葆璞堂文集四卷 清胡煦撰 清乾隆三十七年精刻本 二冊 十行十九字白口左右雙邊 集27 4767

趙清獻公敬恕堂集六卷附刻一卷 清趙廷臣撰 清康熙二十二年敬恕堂刻本 六冊 九行二十字白口四周單邊 封面鎸敬恕堂藏板 集27 4917

讀書堂綵衣全集四十六卷 清趙士麟撰 清康熙刻本 二十冊 十行十九字小字雙行同白口四周雙邊 鈐直隸圖書館收藏記 集27 4940

集27 4952

趙恭毅公剩稿八卷 清趙申喬撰 **趙裘萼公剩稿四卷** 清趙熊詔撰 清乾隆刻本
八冊 十二行二十四字黑口四周雙邊 鈐直隸圖書館收藏記

集27 5040

李杜詩集合選十六卷 清車萬育輯 清康熙懷園刻本 五冊 八行十八字白口四周雙邊 封面鐫懷園藏板 鈐直隸圖書館收藏記
懷園集李詩八卷
懷園集杜詩八卷

集27 5045

漁洋山人精華錄訓纂十卷金氏箋註辯訛一卷 清惠棟撰 **漁洋山人自撰年譜二卷** 清王士禛撰 清惠棟註補 清康熙間惠氏紅豆齋刻本 六冊 十行二十一字小字雙行同白口四周雙邊 書口鐫紅豆齋

存 訓纂卷六至十 辯訛一 年譜一

四焉齋文集八卷　清曹一士撰　清乾隆刻本　四冊　十行二十一字白口左右雙邊　鈐直隸圖書館收藏記　集27 5514

繡虎軒尺牘八卷二集八卷三集八卷　清曹煜撰　清康熙傳萬堂刻本　十二冊　九行十八字小字雙行同白口左右雙邊　封面鐫傳万堂梓行　鈐直隸圖書館收藏記　集27 5596 *

夢月巖詩集二十卷詩餘一卷　清呂履恒撰　清雍正三年呂憲曾　呂宣曾家刻本　六冊　十行十九字小字雙行字數不等白口左右雙邊　鈐直隸圖書館收藏記　集27 6079 *

三魚堂文集十二卷外集六卷附錄二卷　清陸隴其撰　清康熙四十年刻本　八冊　九行二十字白口左右雙邊　封面鐫康熙辛巳春鐫　琴川書屋藏板　鈐蓮池書院收藏書籍印　直隸圖書館收藏記　集27 7474

午亭文編五十卷　清陳廷敬撰　清康熙四十七年林佶寫刻本　十六冊　十一行二十一字小字雙行不等細黑口左右雙邊　鈐蓮池書院收藏書籍印　直隸圖　集27 7514

書館收藏記

午亭文編五十卷　清陳廷敬撰　清康熙四十七年林佶寫刻乾隆四十三年重印本　十二冊　十一行二十一字小字雙行不等細黑口左右雙邊　集27 7514=2

午亭文編五十卷　清陳廷敬撰　清康熙四十七年林佶寫刻乾隆四十三年重印本　十六冊　集27 7514=2 (2)

紫竹山房詩集十二卷文集二十卷　清陳兆崙撰　年譜一卷　清陳玉繩撰　清乾隆刻本　二十八冊　十行二十一字小字雙行同白口四周雙邊　鈐直隸圖書館收藏記　集27 7532 *

道榮堂文集六卷首一卷　清陳鵬年撰　清乾隆二十七年刻本　八冊　十行十九字白口左右雙邊　封面鐫乾隆壬午年鐫　鈐直隸圖書館收藏記　集27 7578 *

賴古堂集二十四卷附錄一卷　清周亮工撰　清康熙十四年周在浚刻本　十二冊　十一行十九字黑口四周單邊　目錄後鐫金陵范翰佰精刻　鈐直隸圖書館收藏記　集27 7701 *

居業齋詩鈔二十二卷文稿二十卷別集十卷　清金德嘉撰　清康熙南雲堂刻本　二十冊　十行十九字白口四周單邊　封面鐫南雲堂藏板　鈐直隸圖書館收藏記　集27 8024

息齋集十卷疏草五卷存十二卷　清全之俊撰　清順治康熙間刻本　十一冊　八行二十字白口左右雙邊　鈐直隸圖書館收藏記　息齋集一至十　疏草四至五　集27 8032 *

牧齋初學集詩註二十卷有學集詩註十四卷　清錢謙益撰　錢曾箋註　清乾隆春暉堂刻本　三十冊　十行二十字小字雙行同黑口四周單邊　封面鐫春暉堂藏板　鈐直隸圖書館收藏記　集27 8308 *

香樹齋詩集十八卷文集續鈔五卷續集三十六卷　清錢陳羣撰　清乾隆刻本　十八冊　十行十九字小字雙行同白口左右雙邊　鈐直隸圖書館收藏記　集27 8371

總集類

御選宋金元明四朝詩三百二卷首二卷姓名爵里十三卷

清張豫章等輯　清康熙四十八年内府刻本　一百五十七冊　十一行二十一字小字雙行三十一字白口左右雙邊　鈐直隸圖書館收藏記

宋詩七十八卷姓名爵里二卷
金詩二十四卷首一卷姓名爵里一卷
元詩八十卷首一卷姓名爵里二卷
明詩一百二十卷姓名爵里八卷

集30 1110 *

佩文齋詠物詩選四百八十六卷

清張玉書　汪霦等輯　清康熙四十六年内府刻本　八冊　十一行二十一字細黑口左右雙

集30 1115

邊

存六十七卷　四百一十五至四百八十二

漢魏六朝一百三名家集一百十八卷

明張溥輯　明婁東張氏刻本　七十九册　九行十八字白口左右雙邊

集 30 1133

鈐直隸圖書館收藏記

賈長沙集一卷　漢賈誼撰

司馬文園集一卷　漢司馬相如撰

董膠西集一卷　漢董仲舒撰

東方大中集一卷　漢東方朔撰

漢褚先生集一卷　漢褚少孫撰

王諫議集一卷　漢王褒撰

揚侍郎集一卷　漢楊雄撰

漢劉子駿集一卷　漢劉歆撰

漢劉中壘集一卷　漢劉向撰

馮曲陽集一卷　漢馮衍撰
班蘭臺集一卷　漢班固撰
東漢崔亭伯集一卷　漢崔駰撰
張河間集二卷　漢張衡撰
漢蘭臺令李伯仁集一卷　漢李尤撰
東漢馬季長集一卷　漢馬融撰
東漢荀侍中集一卷　漢荀悦撰
蔡中郎集二卷　漢蔡邕撰
東漢王叔師集一卷　漢王逸撰
孔少府集一卷　漢孔融撰
諸葛丞相集一卷　蜀諸葛亮撰
魏武帝集一卷　魏曹操撰
魏文帝集二卷　魏曹丕撰
陳思王集二卷　魏曹植撰
陳記室集一卷　魏陳琳撰
王侍中集一卷　魏王粲撰

魏阮元瑜集一卷　魏阮瑀撰
魏劉公幹集一卷　魏劉楨撰
魏應德璉集一卷　魏應瑒撰
魏應休璉集一卷　魏應璩撰
阮步兵集一卷　魏阮籍撰
嵇中散集一卷　魏嵇康撰
魏鍾司徒集一卷　魏鍾會撰
晉杜征南集一卷　晉杜預撰
魏荀公曾集一卷　晉荀勖撰
傅鶉觚集一卷　晉傅玄撰
晉張司空集一卷　晉張華撰
孫馮翊集一卷　晉孫楚撰
晉摯太常集一卷　晉摯虞撰
晉束廣微集一卷　晉束晳撰
夏侯常待集一卷　晉夏侯湛撰
潘黄門集一卷　晉潘岳撰

傅中丞集一卷　晉傅咸撰
潘太常集一卷　晉潘尼撰
陸平原集二卷　晉陸機撰
陸清河集二卷　晉陸雲撰
晉成公子安集一卷　晉成公綏撰
晉張孟陽集一卷　晉張載撰
晉張景陽集一卷　晉張協撰
晉劉越石集一卷　晉劉琨撰
郭弘農集二卷　晉郭璞撰
晉王右軍集二卷　晉王羲之撰
晉王大令集一卷　晉王獻之撰
孫廷尉集一卷　晉孫綽撰
陶彭澤集一卷　晉陶潛撰
宋何衡陽集一卷　劉宋何承天撰
宋傅光禄集一卷　劉宋傅亮撰
謝康樂集二卷　劉宋謝靈運撰

顔光祿集一卷　劉宋顔延之撰
鮑參軍集二卷　劉宋鮑照撰
宋袁陽源集一卷　劉宋袁淑撰
謝法曹集一卷　劉宋謝惠連撰
謝光祿集一卷　劉宋謝莊撰
南齊竟陵王集二卷　南齊蕭子良撰
王文憲集一卷　南齊王儉撰
王寧朔集一卷　南齊王融撰
謝宣城集一卷　南齊謝朓撰
齊張長史集一卷　南齊張融撰
南齊孔詹事集一卷　南齊孔稚珪撰
梁武帝御製集一卷　梁蕭衍撰
梁昭明太子集一卷　梁蕭統撰
梁簡文帝御製集二卷　梁蕭綱撰
梁元帝集一卷　梁蕭繹撰
江醴陵集二卷　梁江淹撰

沈隱侯集一卷　梁沈約撰

陶隱居集一卷　梁陶弘景撰

梁丘司空集一卷　梁丘遲撰

任中丞集一卷　梁任昉撰

王左丞集一卷　梁王僧孺撰

陸太常集一卷　梁陸倕撰

劉戶曹集一卷　梁劉峻撰

王詹事集一卷　梁王筠撰

劉秘書集一卷　梁劉孝綽撰

劉豫章集一卷　梁劉潛撰

劉庶子集一卷　梁劉孝威撰

庾度支集一卷　梁庾肩吾撰

何記室集一卷　梁何遜撰

吳朝請集一卷　梁吳均撰

陳後主集一卷　陳陳叔寶撰

徐僕射集一卷　陳徐陵撰

沈侍中集一卷　陳沈炯撰
江令君集一卷　陳江總撰
陳張散騎集一卷　陳張正見撰
高令公集一卷　北魏高允撰
溫侍讀集一卷　北魏溫子昇撰
邢特進集一卷　北齊邢卲撰
魏特進集一卷　北齊魏收撰
庾開府集二卷　北周庾信撰
王司空集一卷　北周王褒撰
隋煬帝集一卷　隋楊廣撰
盧武陽集一卷　隋盧思道撰
李懷州集一卷　隋李德林撰
牛奇章集一卷　隋牛弘撰
薛司隸集一卷　隋薛道衡撰

元人十種詩（亦名：元人集十種）六十卷　明毛晉輯　明崇禎十一年海虞毛氏汲古閣刻本

集30
2010
*

二十四册　九行十九字小字雙行同白口左右雙邊　書口鎸汲古閣　封面鎸元人集十種　鈐蓮池書院收藏書籍印　直隸圖書館收藏記　河北省立保定蓮池圖書館印

遺山先生詩集二十卷　金元好問輯

金臺集二卷　元宋無撰

薩天錫詩集三卷集外詩一卷　元薩都剌撰

翠寒集一卷　元宋無撰

南邨詩集四卷　元陶宗儀撰

玉山草堂集二卷集外詩一卷　元顧瑛撰

唫囈集一卷　元宋無撰

倪雲林先生詩集六卷集外詩一卷附錄一卷　元倪瓚撰

霞外詩集十卷　元馬臻撰

句曲外史集三卷補遺三卷張伯雨集外詩一卷附一卷　元張雨撰

文字會寶不分卷

明朱文治輯　明萬曆三十六年刻本　十二册　行數字數不等白口四周單邊　鈐直隸圖書館收藏記　河北省立保定蓮池圖書館印

集 30
2503
*

唐四家詩八卷 清汪立名輯 清康熙三十四年刻本 四冊 十行十九字黑口左右雙邊 鈐蓮池書院收藏書籍印 直隸圖書館收藏記 集30 3102

王右丞詩集二卷 唐王維撰
孟襄陽詩集二卷 唐孟浩然撰
韋蘇州詩集二卷 唐韋應物撰
柳河東詩集二卷 唐柳宗元撰

唐宋八家詩五十二卷 清姚培謙輯 清雍正五年遂安堂刻本 七冊 九行十九字黑口左右雙邊 鈐直隸圖書館收藏記 集30 4240

存五種三十二卷

老泉詩鈔一卷 宋蘇洵撰
東坡詩鈔十八卷 宋蘇軾撰
欒城詩鈔四卷 宋蘇轍撰
南豐詩鈔三卷 宋曾鞏撰
半山詩鈔六卷 宋王安石撰

本朝館閣賦前集十二卷 清葉抱崧 程際盛編 **本朝館閣賦後集七卷補** 集30 4452

遺一卷附錄一卷 清周漪塘 程際盛輯 **稻香樓試貼二卷** 清程際盛編 清乾隆間困學齋刻本 十二册 十行二十一字黑口左右雙邊 前集封面鐫乾隆甲申新鐫 後集封面鐫乾隆戊子鐫

集30 4470

蘇門六君子文粹七十卷 題宋陳亮輯 明崇禎間刻本 六册 九行十九字白口左右雙邊 鈐蓮池書院收藏書籍印 直隸圖書館收藏記

淮海先生文粹十四卷 宋秦觀撰
宛丘先生文粹二十二卷 宋張耒撰
豫章先生文粹四卷 宋黃庭堅撰
後山居士文粹四卷 宋陳師道撰
濟南先生文粹五卷 宋李廌撰
濟北先生文粹二十一卷 宋晁補之撰

全唐詩九百卷 清曹寅等輯 清康熙四十六年刻本 一百二十册 十一行二十一字小字雙行三十三字細黑口左右雙邊

集30 5530

宋詩鈔初集九十五卷　清呂留良　吳之振等編　清康熙十年吳氏鑑古堂刻本　三十冊　十二行二十二字小字雙行同黑口左右雙邊　封面鐫州錢

吳氏鑑古堂藏　鈐直隸圖書館收藏記

小畜集鈔一卷　宋王禹偁撰
騎省集鈔一卷　宋徐鉉撰
安陽集鈔一卷　宋韓琦撰
滄浪集鈔一卷　宋蘇舜欽撰
乖崖詩鈔一卷　宋張詠撰
清獻詩鈔一卷　宋趙抃撰
宛陵詩鈔一卷　宋梅堯臣撰
武溪詩鈔一卷　宋余靖撰
歐陽文忠詩鈔一卷　宋歐陽修撰
和靖詩鈔一卷　宋林逋撰
徂徠詩鈔一卷　宋石介撰
武仲清江集鈔一卷　宋孔武仲撰
文仲清江集鈔一卷　宋孔文仲撰
平仲清江集鈔一卷　宋孔平仲撰

南陽集鈔一卷　宋韓維撰
臨川詩鈔一卷　宋王安石撰
東坡詩鈔一卷　宋蘇軾撰
西塘詩鈔一卷　宋鄭俠撰
廣陵詩鈔一卷　宋王令撰
後山詩鈔一卷　宋陳師道撰
丹淵集鈔一卷　宋文同撰
襄陽詩鈔一卷　宋米芾撰
山谷詩鈔一卷　宋黃庭堅撰
宛丘詩鈔一卷　宋張耒撰
具茨集鈔一卷　宋晁沖之撰
陵陽詩鈔一卷　宋韓駒撰
雞肋集鈔一卷　宋晁補之撰
道鄉詩鈔一卷　宋鄒浩撰
淮海集鈔一卷　宋秦觀撰
江湖長翁詩鈔一卷　宋陳造撰

雲巢詩鈔一卷　宋沈遼撰
西溪集鈔一卷　宋沈遘撰
龜谿集鈔一卷　宋沈與求撰
節孝詩鈔一卷　宋徐積撰
簡齋詩鈔一卷　宋陳與義撰
盱江集鈔一卷　宋李覯撰
雙溪詩鈔一卷　宋王炎撰
眉山詩鈔一卷　宋唐庚撰
鴻慶集鈔一卷　宋孫覿撰
蘆川歸來集鈔一卷　宋張元幹撰
建康集鈔一卷　宋葉夢得撰
橫浦詩鈔一卷　宋張九成撰
浮溪集鈔一卷　宋汪藻撰
香溪集鈔一卷　宋范濬撰
屏山集鈔一卷　宋劉子翬撰
韋齋詩鈔一卷　宋朱松撰

玉瀾集鈔一卷　宋朱槔撰
北山小集鈔一卷　宋程俱撰
竹洲詩鈔一卷　宋吳儆撰
益公省齋藁鈔一卷　宋周必大撰
益公平園續稿鈔一卷　宋周必大撰
文公集鈔一卷　宋朱熹撰
石湖詩鈔一卷　宋范成大撰
劍南詩鈔一卷　宋陸游撰
止齋詩鈔一卷　宋陳傅良撰
誠齋江湖集鈔一卷荊溪集鈔一卷西歸集鈔一卷南海集鈔一卷朝天集鈔一卷江西道院集鈔一卷朝天續集鈔一卷江東集鈔一卷退休集鈔一卷　宋楊萬里撰
浪語集鈔一卷　宋薛季宣撰
水心詩鈔一卷　宋葉適撰
艾軒詩鈔一卷　宋林光朝撰
攻媿集鈔一卷　宋樓鑰撰
清苑齋詩鈔一卷　宋趙師秀撰

葦碧軒詩鈔一卷　宋翁卷撰

芳蘭軒詩鈔一卷　宋徐照撰

二薇亭詩鈔一卷　宋徐璣撰

知稼翁集鈔一卷　宋黄公度撰

後村詩鈔一卷　宋劉克莊撰

盧溪集鈔一卷　宋王庭珪撰

漫塘詩鈔一卷　宋劉宰撰

義豐集鈔一卷　宋王阮撰

東皐詩鈔一卷　宋戴敏撰

石屏詩鈔一卷　宋戴復古撰

農歌集鈔一卷　宋戴昺撰

秋崖小稿鈔一卷　宋方岳撰

清雋集鈔一卷　宋鄭起撰

晞髪集鈔一卷晞髪近稿鈔一卷附天地間集一卷　宋謝翱撰併輯

文山詩鈔一卷　宋文天祥撰

先天集鈔一卷　宋許月卿撰

白石樵唱鈔一卷　宋林景熙撰

山民詩鈔一卷　宋真山民撰

水雲詩鈔一卷　宋汪元量撰

隆吉詩鈔一卷　宋梁棟撰

潛齋詩鈔一卷　宋何夢桂撰

參寥詩鈔一卷　宋釋道潛撰

石門詩鈔一卷　宋釋惠洪撰

花蕊詩鈔一卷　後蜀費氏撰

晚邨先生八家古文精選不分卷

清呂留良編　呂葆中批點　清康熙四十三年呂氏家塾刻本　六册　十行二十五字細黑口左右雙邊　書口鐫呂氏家塾讀本　集30 6073 *

歷朝賦格十五卷

清陸棻輯　清康熙二十五年刻本　十册　九行十九字白口四周單邊　集30 7444 *

宋十五家詩選十六卷

清陳訏編　清康熙三十二年刻本　八册　十一行二十二字小字雙行同黑口左右雙邊　鈐直隸圖書館收藏記　集30 7501

宛陵詩選一卷　宋梅堯臣撰
廬陵詩選一卷　宋歐陽修撰
南豐詩選一卷　宋曾鞏撰
臨川詩選一卷　宋王安石撰
東坡詩選一卷　宋蘇軾撰
欒城詩選一卷　宋蘇轍撰
山谷詩選一卷　宋黄庭堅撰
石湖詩選一卷　宋范成大撰
劍南詩選二卷　宋陸游撰
誠齋詩選一卷　宋楊萬里撰
梅溪詩選一卷　宋王十朋撰
朱子詩選一卷　宋朱熹撰
菊磵詩選一卷　宋高翥撰
秋崖詩選一卷　宋方岳撰
文山詩選一卷　宋文天祥撰

采菽堂古詩選三十八卷補遺四卷

清陳祚明輯　清康熙刻本　十六冊　十行二十字小字雙行同白口左右雙邊　封面鐫武林翁氏藏版　鈐河北省蓮池講學院圖書館

集30 7536 *

宋四名家诗二十七卷

清周之鱗　柴升編　清康熙三十二年弘訓堂刻本　三冊　十行二十一字小字雙行同黑口左右雙邊　鈐直隸圖書館收藏記

集30 7732

存二十卷

東坡先生詩鈔七卷　宋蘇軾撰
山谷先生詩鈔七卷　宋黃庭堅撰
石湖先生詩鈔六卷　宋范成大撰

宋四名家詩不分卷

清周之鱗　柴升編　清刻本　四冊　十行二十二字小字雙行同黑口左右雙邊

集30 7732=2

東坡詩鈔　宋蘇軾撰
山谷詩鈔　宋黃庭堅撰
石湖詩鈔　宋范成大撰
劍南詩鈔　宋陸游撰

盛明百家詩二百八十三卷

明俞憲輯　明嘉靖隆慶間刻本　九十冊　十行二十一字小字雙行同白口四周單邊　鈐直隸圖書館收藏記　河北省立保定蓮池圖書館印

集 30
8030

前編

高楊張徐集三卷

高季迪集　明高啓撰

楊孟載集　明楊基撰

張來儀集　明張羽撰

徐幼文集　明徐賁撰

宋學士集一卷　明宋濂撰

劉誠意伯集一卷　明劉基撰

袁海叟集一卷　明袁凱撰

王學士集一卷　明王達撰

王舍人集一卷　明王紱撰

浦舍人集一卷　明浦源撰
錢翰撰集一卷　明錢仲益撰
李文正公集二卷　明李東陽撰
邵文莊公集一卷　明邵寶撰
石閣老集一卷　明石珤撰
夏赤城集一卷　明夏鍭撰
秦修敬集一卷　明秦旭撰
沈石田集一卷　明沈周撰
桑思玄集一卷　明桑悅撰
史山人集一卷　明史鑑撰
李空同集二卷　明李夢陽撰
二杭詩集一卷　明杭濟　杭淮撰
張伎陵集一卷　明張鳳翔撰
顧司寇集一卷　明顧璘撰
熊侍御集一卷　明熊卓撰
王渼陂集一卷　明王九思撰

王陽明集一卷　明王守仁撰
二朱詩集一卷　明朱應登　朱曰藩撰
左中川集一卷　明左國璣撰
孫山人集一卷　明孫一元撰
陳白沙集一卷　明陳獻章撰
莊定山集一卷　明莊昶撰
王浚川集一卷　明王廷相撰
康狀元集一卷　明康海撰
邊華泉集一卷　明邊貢撰
徐尚書集一卷　明徐問撰
二俞詩集二卷　明俞泰　俞暉撰
祝枝山集一卷　明祝允明撰
徐迪功集一卷　明徐禎卿撰
殷石川集一卷　明殷雲霄撰
孟有涯集一卷　明孟洋撰
王太僕集一卷　明王韋撰

韓參議集一卷　明韓邦靖撰
方棠陵集一卷　明方豪撰
戴學憲集一卷　明戴冠撰
常評事集一卷　明常倫撰
楊升庵集一卷　明楊慎撰
張禺山集一卷　明張含撰
薛考功集一卷　明薛蕙撰
蔣南泠集一卷　明蔣山卿撰
李嵩渚集一卷　明李濂撰
王夢澤集一卷　明王廷陳撰
陳行卿集一卷　明陳沂撰
馬西玄集一卷續集一卷　明馬汝驥撰
許少華集一卷　明許宗魯撰
許雲村集一卷　明許相卿撰
黄泰泉集一卷　明黄佐撰
二周詩集一卷　明周祚　周沛撰

徐相公集一卷　明徐階撰

高蘇門集一卷　明高叔嗣撰

栗太行集一卷　明栗應宏撰

陸盧龍集一卷　明陸果撰

傅夢求集一卷　明傅起岩撰

蔡翰目集一卷　明蔡羽撰

文翰詔集一卷續集一卷　明文徵明撰

唐伯虎集一卷　明唐寅撰

傅山人集一卷　明傅汝舟撰

王履吉集一卷　明王寵撰

二黃集一卷　明黃省曾　黃姬水撰

唐中丞集二卷　明唐順之撰

宗室匡南詩集一卷　明朱拱榛撰

薛浮休集一卷　明薛章憲撰

張崑崙集一卷　明張詩撰

陳鳴野集一卷　明陳鶴撰

皇甫昆季集二卷　明皇甫沖　皇甫涍　皇甫汸　皇甫濂撰
續皇甫百泉集一卷　明皇甫汸撰
蔡白石集一卷續集一卷　明蔡汝楠撰
朱鎮山集一卷　明朱衡撰
王巖潭集一卷　明王廷幹撰
孔方伯集一卷　明孔天胤撰
許茗山集一卷　明許應元撰
王祭酒集一卷　明王維楨撰
薛憲副集一卷　明薛應旂撰
陳參議集一卷　明陳鳳撰
喬三石集一卷　明喬世寧撰
王僉憲集一卷　明王問撰
馮少洲集一卷　明馮惟訥撰
侯二谷集一卷　明侯一元撰
孟衛源集一卷　明孟淮撰
吳霽環集一卷　明吳維嶽撰

范中方集一卷　明范惟一撰
何刑侍集一卷　明何遷撰
華比部集一卷　明華雲撰
謝中丞集一卷　明謝東山撰
洪芳洲集一卷　明洪朝選撰
萬履菴集一卷　明萬士和撰
施武陵集一卷　明施漸撰
姚山人集一卷　明姚咨撰
鄧山人集一卷　明鄧儀撰
宗室武岡王集一卷　明朱顯槐撰
許長史集一卷　明許邦才撰
張王屋集一卷　明張之象撰
鄭石南集一卷　明鄭坤撰
郭山人集一卷　明郭第撰
羅山人集一卷　明羅鹿齡撰
李學憲集一卷　明李攀龍撰

王副使集一卷　明王世貞撰
李尚寶集一卷　明李先芳撰
徐龍灣集一卷　明徐中行撰
吴川樓集一卷　明吴國倫撰
梁比部集一卷　明梁有譽撰
宗子相集一卷　明宗臣撰
張居來集一卷　明張佳胤撰
盧次楩集一卷　明盧柟撰
周山人集一卷　明周詩撰
王上舍集一卷　明王穉登撰
張敉集一卷　明張獻翼撰
梁國子生集一卷　明梁辰魚撰
淑秀總集一卷　明俞憲輯
俞繡峯集一卷　明俞寰撰
俞二子集一卷續集一卷　明俞淵　俞沂撰
龔内監集一卷　明龔輦撰

周真人集一卷　明周思得撰
釋雪江集一卷　明釋明秀撰
釋魯山集一卷　明釋魯山撰
釋半峯集一卷　明釋果斌撰
釋同石集一卷　明釋希復撰

後編

廣中四傑集一卷　明孫蕡　王佐　黄哲　李德撰
汪右丞集一卷　明汪廣洋撰
張翰講集一卷　明張以寧撰
許士修集一卷　明許君繼撰
華氏黄楊集一卷　明華幼武撰
解學士集一卷　明解縉撰
韓中允集一卷　明韓守益撰
王翰檢集一卷　明王偁撰
林登州集一卷　明林弼撰
劉忠宣公集一卷　明劉大夏撰

聶掌教集一卷　明聶大年撰
張東海集一卷　明張弼撰
張白齋集一卷　明張琦撰
謝文肅公集一卷　明謝鐸撰
薛檢討集一卷　明薛格撰
湯將軍集一卷　明湯胤勣撰
羅太守集一卷續集一卷　明羅柔撰
王古直集一卷　明王佐撰
錢山人集一卷　明錢文撰
顧東江集一卷　明顧清撰
泰端敏公集一卷　明秦金撰
周草庭集一卷　明周塤撰
錢太守集一卷　明錢琦撰
王方伯集一卷　明王尚絅撰
朱蕩南集一卷　明朱諫撰
孫鷺沙集一卷　明孫偉撰

楊通府集一卷　明楊中撰
湛甘泉集一卷　明湛若水撰
周尚書集一卷　明周金撰
顧同府集一卷　明顧彦夫撰
齊憲副集一卷　明齊鷟撰
顧憲副集一卷　明顧可久撰
王僉事集一卷　明王謳撰
鄒九峰集一卷　明鄒壁撰
敖東谷集一卷　明敖英撰
朱福州集一卷　明朱豹撰
錢逸人集一卷　明錢百川撰
二浦詩集一卷　明浦瑾　浦應麟撰
張通參集一卷　明張寰撰
二謝詩集一卷　明謝承舉　謝少南撰
續傅山人集一卷　明傅汝舟撰
潘尚書集一卷　明潘恩撰

張司馬集一卷　明張時徹撰
顧廉訪集一卷　明顧夢圭撰
蘇督府集一卷　明蘇祐撰
田莘野集一卷　明田汝棶撰
續傅夢求集一卷　明傅起岩撰
孫漁人集一卷　明孫宜撰
金子有集一卷　明金大車撰
馮三石集一卷　明馮世雍撰
吳少參集一卷　明吳子孝撰
沈少參集一卷　明沈謐撰
續沈鳳峰集一卷　明沈愷撰
唐山人集一卷　明唐詩撰
續姚山人集一卷　明姚咨撰
薛兵憲集一卷　明薛甲撰
張臬副集一卷　明張意撰
沈石灣集一卷　明沈翰卿撰

姚本修集一卷　明姚廉敬撰
續黄五嶽集一卷　明黄省曾撰
陳山人集一卷　明陳鳳撰
岳山人集一卷　明岳岱撰
周太僕集一卷　明周復俊撰
顧給舍集一卷　明顧存仁撰
高光州集一卷　明高應冕撰
秦封君集一卷　明秦瀚撰
趙文學集一卷　明趙綱撰
包侍御集一卷　明包節撰
王侍御集一卷　明王瑛撰
强德州集一卷　明强仕撰
黎瑶石集一卷　明黎民表撰
駱翰編集一卷　明駱文盛撰
陳隱士集一卷　明陳東川撰
陸文學集一卷　明陸九州撰

許石城集一卷　明許穀撰
舒東岡集一卷　明舒纓撰
林介山集一卷　明林應麟撰
尹洞山集一卷　明尹臺撰
溫大谷集一卷　明溫新撰
續王僉憲一卷　明王問撰
茅副使集一卷　明茅坤撰
二莫詩集一卷　明莫如忠　莫是龍撰
曹于野集一卷　明曹大同撰
呂山人集一卷續集一卷　明呂時臣撰
續萬履菴集一卷　明萬士和撰
龔副使集一卷　明龔秉德撰
萬總戎集一卷　明萬表撰
何翰目集一卷　明何良俊撰
王督撫集一卷　明王崇古撰
李青霞集一卷　明李時行撰

續皇甫理山集一卷　明皇甫濂撰
劉魏比玉集一卷　明劉鳳　魏學禮撰
李武選集一卷　明李文麟撰
胡苑卿集一卷　明胡安撰
方員外集一卷　明方攸躋撰
續吳川樓集一卷　明吳國倫撰
續王鳳洲集二卷　明王世貞撰
張周田集一卷　明張九一撰
續徐龍灣集一卷　明徐中行撰
余憲副集一卷　明余德撰
范中吳集一卷　明范惟丕撰
李內翰集一卷　明李蓘撰
王儀部集一卷　明王世懋撰
王氏松雪集一卷　明王用章撰
沈青門集一卷　明沈仕撰
方侍御集一卷　明方新撰

沈嘉則集一卷　明沈明臣撰
吳之山集一卷　明吳擴撰
張心父集一卷　明張士淪撰
歐司訓集一卷　明歐大任撰
陸客集一卷　明陸弼撰
丁少鶴集一卷　明丁一中撰
梁中舍集一卷　明梁孜撰
魯藩二宗室集一卷　明朱健根　朱觀熰撰
李千戶集一卷　明李元昭撰
馮海浮集一卷　明馮惟敏撰
徐文學集一卷　明徐渭撰
顧山人集一卷　明顧聖撰
葉客集一卷　明葉芳撰
周東田集一卷　明周東田撰
林公子集一卷　明林世璧撰
王逸人集一卷　明王崑崙撰

李公子集一卷　明李言恭撰
王僅初集一卷　明王懋明撰
王貢士集一卷　明王淶撰
潘象安集一卷　明潘緯撰
康裕卿集一卷　明康從理撰
續王上舍集一卷　明王穉登撰
童賈集一卷　明童佩撰
黄趙客集一卷　明黄道撰
朱山人集一卷　明朱察卿撰
莫公遠集一卷　明莫叔明撰
顧伯子集一卷　明顧允默撰
張文學集一卷　明張文柱撰
釋全室集一卷　明釋宗泐撰
釋夢觀集一卷　明釋仁撰
釋方澤集一卷　明釋方澤撰
盧羽士集一卷　明盧大雅撰

章羽士集一卷　明章志宗撰
錢羽士集一卷　明錢月齡撰
朱仲開集一卷　明朱永年撰
金白嶼集一卷　明金鷺撰
續俞繡峯集一卷　明俞寰撰
續俞伯子集一卷　明俞淵撰
續俞仲子集一卷　明俞沂撰
李生集一卷　明李英撰

歸餘鈔四卷

清高嵣集評　清乾隆五十三年刻本　八册　九行二十五字白口四周雙邊
封面鐫乾隆五十三年訂

集31 0020

文編六十四卷

明唐順之輯　明天啓年刻本　二十册　十行二十一字白口四周單邊
鈐直隸圖書館收藏記

集31 0023 *

賦珍八卷

明施重光輯　明刻本　八册　十行二十字小字雙行同白口四周雙邊　書口鐫
住□□街韓鋪刊

集31 0829

集31 1013 *

滑耀編不分卷　明賈三近輯　明萬曆刻本　三冊　十行十八字白口四周雙邊　有刻工　鈐直隸圖書館收藏記

集31 1271

御選唐宋文醇五十八卷　清高宗弘曆輯　清乾隆三年内府刻本　二十冊　九行二十二字白口左右雙邊　鈐直隸圖書館收藏記

集31 1777

歷代名媛雜咏三卷　清邵颿撰　清乾隆五十七年刻本　四冊　八行十八字白口四周雙邊　鈐直隸圖書館收藏記

集31 2010

詩詞雜組二十四卷　明毛晉輯　明天啓崇禎間毛氏汲古閣刻本　十冊　八行十九字間有十八字不等白口左右雙邊間四周單邊　下書口鐫汲古閣綠君亭　鈐蓮池書院收藏書籍印　直隸圖書館收藏記

花蕊夫人宫詞一卷　後蜀花蕊夫人　費氏撰

王珪宫詞一卷　宋王珪撰

二家宫詞二卷　明毛晉輯

宋徽宗宫詞一卷　宋徽宗趙佶撰

楊太后宮詞一卷　宋楊太后撰
漱玉詞一卷　宋李清照撰
斷腸詞一卷　宋朱淑真撰
龍輔女紅餘志二卷　元龍輔撰
衆妙集一卷　宋趙師秀撰
蘋綃集二卷　宋李龏撰
石湖詩集一卷　宋范成大撰
月泉吟社一卷　宋吳渭撰
谷音二卷　元杜本輯
河汾諸老詩集八卷　元房祺撰
三家宮詞三卷　明毛晉輯
王建宮詞一卷　唐王建撰

古文淵鑒六十四卷

清徐乾學等輯編注　清康熙年間刻五色套印本　四十冊　九行二十字小字雙行同黑口四周單邊　鈐直隸圖書館收藏記

集 31
2847

古文淵鑒六十四卷　清徐乾學等輯編注　清康熙間刻五色套印本　三十六册　鈐直隸圖書館收藏記　集31 2847 (2)

古文淵鑒六十四卷　清徐乾學等輯編注　清康熙間刻五色套印本　三十四册　鈐直隸圖書館收藏記　集31 2847 (3)

古文淵鑒六十四卷　清徐乾學等輯編注　清康熙二十四年内府刻四色套印本　二十三册　九行二十字小字雙行同黑口四周單邊　集31 2847=2

存六十一卷　一至二十五　二十九至六十四

古文淵鑒六十四卷　清徐乾學等輯編注　清康熙間尊經閣刻本　四十册　九行二十字小字雙行同黑口四周單邊　封面鐫淵鑑齋刊行　尊經閣藏板　鈐蓮池書院收藏書籍印　直隸圖書館收藏記　集31 2847=3

昭明文選六臣彙註疏解十九卷　清顧施禎輯　清康熙間刻本　二十四册　八行二十二字小字雙行同白口左右雙邊　封面鐫文獻堂梓　書口鐫心耕堂　集31 3103

近光集二十八卷 清汪士鋐輯 清康熙間刻本 八冊 九行十九字小字雙行同黑口左右雙邊

集31 3148 *

唐五言排律選四卷本朝試貼選四卷 清邊繼祖編 朱蓉等校 清乾隆三十七年刻本 八冊 九行二十字小字雙行同白口邊欄不一 封面鐫乾隆壬辰秋刊

集31 3623

全五代詩一百卷補遺一卷 清李調元輯 清道光刻本 二十四冊 十行二十一字小字雙行字數不一左右雙邊 鈐蓮池書院收藏書籍印 直隸圖書館收藏記

集31 4001

西山先生真文忠公文章正宗二十四卷 宋真德秀輯 明嘉靖四十三年刻本 十二冊 十行十九字小字雙行同白口左右雙邊 鈐蓮池書院收藏書籍印 直隸圖書館收藏記

集31 4022 *Z

文章正宗復刻三十卷續文章正宗復刻十二卷 宋真德秀輯 清楊仲興重輯 清乾隆三十九年刻本 二十八冊 十行二十一字小字雙行同白口四周雙邊 封面鐫乾隆戊子年新鐫 鈐蓮池書院收藏書籍印

集31 4022

詩家全體十四卷 明李之用輯 明萬曆二十六年邵武府學刻本（卷十一為抄配本） 十六册 九行二十字小字雙行同白口四周雙邊 有刻工 集31 4037 *

文苑英華一千卷 宋李昉等輯 明隆慶元年胡維新 戚繼光刻 隆慶六年萬曆六年三十六年遞修本（卷十五末有一手抄配頁） 一百二十册 十一行二十二字白口四周單邊 書口鐫壬申重刊、萬曆六年、三十六年刊 有刻工 鈐直隸圖書館收藏記 集31、4060 *

文苑英華一千卷 宋李昉等輯 明隆慶六年重刻本（卷二百七十一至七十九配清抄本） 一百二册 十一行二十二字白口四周單邊 書口鐫壬申重刊 有刻工 鈐直隸圖書館收藏記 集31 4060=2

榕村詩選八卷首一卷 清李光地撰 清雍正八年刻本 四册 九行十九字小字雙行二十八字白口左右雙邊 每卷末鐫石川方氏藏版雍正己酉十月刊於杭州臬署 鈐河北省立保定蓮池圖書館印 集31 4094 *

六臣註文選六十卷 梁蕭統輯 唐李善等註 明潘惟時潘惟德刻本 三十一冊 九行十八字小字雙行同白口左右雙邊 有刻工 鈐蓮池書院收藏書籍印 直隸圖書館收藏記

集31 4420

存三十卷 一至十 二十一至四十

六臣註文選六十卷 梁蕭統輯 唐李善等註 清康熙二十四年梅墅石渠閣刻本 二十冊 九行十八字小字雙行同白口左右雙邊 封面鐫梅墅石渠閣梓 石渠閣藏版

集31 4420=2

文選六十卷 梁蕭統輯 唐李善註 清何焯評點 清乾隆三十七年長洲葉氏海錄軒刻二色套印本 十六冊 十二行二十五字小字雙行三十七字白口左右雙邊 書口鐫海錄軒

集31 4420

文選六十卷 梁蕭統輯 唐李善註 清何焯評點 清乾隆三十七年長洲葉氏海錄軒刻二色套印本 十二冊 書口鐫海錄軒

集31 4420 (2)

文選六十卷 梁蕭統輯 唐李善註 清何焯評點 清乾隆三十七年長洲葉氏海錄軒刻二色套印本 十六冊 書口鐫海錄軒

集31 4420 (3)

唐宋八大家文鈔一百六十四卷　明茅坤辑　明崇禎四年茅著刻本　五十四冊　九行二十字白口四周單邊　鈐蓮池書院收藏書籍印　直隸圖書館收藏記　集31 4445

唐大家韓文公文鈔十六卷　唐韓愈撰
唐大家柳柳州文鈔十二卷　唐柳宗元撰
宋大家歐陽文忠公文鈔三十二卷　宋歐陽修撰
歐陽文忠公五代史鈔二十卷　宋歐陽修撰
宋大家蘇文忠公文鈔二十八卷　宋蘇軾撰
宋大家蘇文定公文鈔二十卷　宋蘇轍撰
宋大家蘇文公文鈔十卷　宋蘇洵撰
宋大家王文公文鈔十六卷　宋王安石撰
宋大家曾文定公文鈔十卷　宋曾鞏撰

古今女史十二卷　明趙世杰輯　明崇禎刻本　六冊　九行二十字白口四周單邊　鈐直隸圖書館收藏記　集31 4944

東萊先生古文關鍵二卷 宋呂祖謙輯　明刻本　二册　八行二十字黑口左右雙邊　鈐直隸圖書館收藏記 集31 6030

刪補古今文致十卷 明劉士鏻輯　王宇增刪　明天啓間刻本　六册　九行二十字白口四周單邊　鈐直隸圖書館收藏記 集31 7248 *

御定歷代賦彙一百四十卷外集二十卷逸句二卷補遺二十二卷目錄三卷 清陳元龍輯　清康熙四十五年内府刻本　五十册　十一行二十一字黑口左右雙邊　鈐蓮池書院收藏書籍印　直隸圖書館收藏記 集31 7510

御定歷代賦彙一百四十卷外集二十卷逸句二卷補遺二十二卷 清陳元龍輯　清康熙四十五年内府刻本　十册　鈐蓮池書院收藏書籍印　直隸圖書館收藏記 集31 7510 (2)

存二十三卷 六十四至八十六

文選補遺四十卷　元陳仁子輯　清乾隆二年刻本　十六冊　十行十八字小字雙行二十三字白口左右雙邊　封面鐫乾隆貳年仲秋楚茶陳同俌輯文選補遺十五世孫文煜重梓餘慶堂藏板　目錄後鐫茶陵東山書院刊行　集31 7521

新刊陳眉公先生精選古論大觀四十卷　明陳繼儒等輯　吳震元編次　明刻本（目錄首頁卷十一至十二配抄本）　九十一冊　九行二十四字白口四周單邊　鈐蓮池書院收藏書籍印　直隸圖書館收藏記　集31 7522

存三十六卷　一至三十二　三十六下至四十下

古文品外錄二十四卷　明陳繼儒選評　明刻本（卷二末頁配抄頁）　十冊　九行二十一字小字雙行同白口四周單邊　有刻工　集31 7522 *

憑山閣增輯留青新集三十卷　清陳枚輯　清康熙四十七年憑山閣刻本　三十二冊　十一行二十字白口四周單邊　封面鐫素位堂藏板　集31 7548

賴古堂尺牘新鈔二選藏弆集十六卷 清周在濬等輯 清康熙六年周氏賴古堂刻本 八冊 九行二十字小字雙行同細黑口四周單邊 書口鐫賴古堂二刻

集31 7743

唐詩品彙九十卷詩人爵里節一卷 明高棅輯 張恂重訂 明末張恂刻本 三十二冊 十行二十字小字雙行同白口左右雙邊 鈐河北省立保定蓮池圖書館印

集32 0042 *

唐詩品彙九十卷詩人爵里詳節一卷 明高棅輯 牛斗校 明牛斗刻本 二十四冊 十行二十字白口左右雙邊

存八十四卷 一至十四 十八至二十四 二十八至九十

集32 0042=2

王荊公唐百家詩選二十卷 宋王安石輯 清康熙四十三年宋犖丘迴刻雙清閣印本 四冊 十行十八字白口左右雙邊 封面鐫雙清閣藏板 鈐直隸圖書館收藏記

集32 1031

王荊公唐百家詩選二十卷 宋王安石輯 清康熙間緯蕭草堂刻本 六冊 十行十八字白口左右雙邊 封面鐫緯肅草堂藏板

集32 1031=2

中州集十卷首一卷中州樂府一卷　金元好問輯　明末毛氏汲古閣刻本　十二冊　八行十九字白口左右雙邊　封面鐫汲古閣原本　古松堂藏板　書口鐫汲古閣　鈐蓮池書院收藏書籍印　直隸圖書館收藏記　集32 1047

兩漢文選四十卷　明張采輯　明崇禎間金閶委宛齋刻本　三十冊　九行十九字小字雙行同白口左右雙邊　封面鐫金閶委宛齋梓　鈐直隸圖書館收藏記　集32 1120 *

西漢文二十卷
東漢文二十卷

國朝山左詩鈔六十卷　清盧見曾輯　清乾隆二十三年盧氏雅雨堂刻本　十六冊　十行二十一字白口四周單邊　封面鐫乾隆戊寅鐫　書口鐫雅雨堂　集32 2168

國朝山左詩鈔六十卷　清盧見曾輯　清乾隆二十三年盧氏雅雨堂刻本　十三冊　封面鐫乾隆戊寅鐫　書口鐫雅雨堂　集32 2168(2)

國朝山左詩鈔六十卷　清盧見曾輯　清乾隆二十三年盧氏雅雨堂刻本　二十三冊　封面鐫乾隆戊寅鐫　書口鐫雅雨堂　集32 2168 (3)

明人詩鈔正集十四卷續集十四卷　清朱琰輯　清乾隆二十五年樊桐山房刻本　十冊　十行十九字小字雙行二十八字白口左右雙邊　封面鐫乾隆庚辰鐫　樊桐山房藏板　鈐直隸圖書館收藏記　集32 2519 *

明詩綜一百卷　清朱彝尊輯　清康熙間刻本　四十冊　十一行二十一字小字雙行三十一字白口左右雙邊　鈐蓮池書院收藏書籍印　直隸圖書館收藏記　集32 2528

江左十五子詩選十五卷　清宋犖輯　清康熙四十二年宋氏宛委堂刻本　四冊　十行十九字小字雙行字數不等黑口左右雙邊　鈐直隸圖書館收藏記　集32 3099

存七卷　一至七

王式丹詩選一卷　王式丹撰

吳廷楨詩選一卷　清吳廷楨撰

宮鴻曆詩選一卷　清宮鴻曆撰

徐昂發詩選一卷 清徐昂發撰
錢名世詩選一卷 清錢名世撰
張大受詩選一卷 清張大受撰
管棆詩選一卷 清管棆撰

擷芳集八十卷

清汪啟淑輯 清乾隆五十年飛鴻堂刻本 十册 十行二十一字白口左右雙邊 封面鐫飛鴻堂藏板 集32 3133 *

元詩選三百二十卷首一卷

清顧嗣立輯 清康熙中長洲顧氏秀野草堂刻本 四十六册 十三行二十三字白口左右雙邊 書口鐫秀野草堂 鈐蓮池書院收藏書籍印 直隸圖書館收藏記 集32 3160

初集一百十四卷
首一卷
二集一百三卷
三集一百三卷

初集：甲集

遺山集一卷　金元好問撰

莊靖先生集一卷　金李俊民撰

丁亥集一卷靜修續集一卷靜修遺詩一卷靜修拾遺一卷　元劉因撰

桐江集一卷　元方回撰

陵陽集一卷　宋牟巘撰

剡源集一卷　元戴表元撰

月屋漫藁一卷　元黄庚撰

富山嬾藁一卷　宋方夔撰

勿軒集一卷　宋熊鉌撰

寧極齋藁一卷　宋陳深撰

靜春堂集一卷　元袁易撰

玉井樵唱一卷　元尹廷高撰

輝山存藁一卷　元蕭國寶撰

初集：乙集

湛然居士集一卷　元耶律楚材撰

藏春集一卷　元劉秉忠撰

陵川集一卷　元郝經撰
魯齋集一卷　元許衡撰
秋澗集一卷　元王惲撰
雪樓集一卷　元程鉅夫撰
草盧集一卷　元吳澄撰
金困吟一卷　元元淮撰

初集：丙集

松雪齋集一卷　元趙孟頫撰
清容居士集一卷　元袁桷撰
石田集一卷　元馬祖常撰
雲林集一卷　元貢奎撰
雲莊類藳一卷　元張養浩撰
漢泉漫藳一卷　元曹伯啓撰
圭塘小藳一卷圭塘欸乃集一卷　元許有壬撰
閑居業藳一卷　元蒲道源撰
默菴集一卷　元安熙撰

定宇集一卷　元陳櫟撰

雲峰集一卷　元胡炳文撰

初集：丁集

道園學古録一卷道園遺稾一卷　元虞集撰

仲弘集一卷　元楊載撰

德機集一卷　元范梈撰

秋宜集一卷　元揭傒斯撰

日損齋稿一卷　元黄溍撰

待制集一卷　元柳貫撰

圭齋集一卷　元歐陽玄撰

初集：戊集

雁門集一卷天錫集一卷　元薩都剌撰

翠寒集一卷嘷囈集一卷鯨背吟一卷　元宋無撰

安雅堂集一卷　元陳旅撰

蛻菴集一卷　元張翥撰

玩齋集一卷玩齋拾遺一卷　元貢師泰撰
金臺集一卷　元迺賢撰
鹿皮子集一卷　元陳樵撰
詠物詩一卷　元謝宗可撰

初集：己集

淵穎集一卷　元吳萊撰
禮部集一卷　元吳師道撰
此山集一卷　元周權撰
經濟集一卷　元李士瞻撰
存復齋集一卷續集一卷　元朱德潤撰
所安遺集一卷　元陳泰撰
清江碧嶂集一卷　元杜本撰
叔淵遺藁一卷　元方瀾撰
白雲先生集一卷　元許謙撰
俟菴集一卷　元李存撰
寶峯集一卷　宋趙偕撰

栲栳山人集一卷　元岑安卿撰

續軒渠集一卷　元洪希文撰

書林外集一卷　元袁士元撰

溝南漫存藁一卷　元張端撰

初集：庚集

顧北集一卷　元泰不華撰

青陽集一卷　元余闕撰

友石山人遺藁一卷　元王翰撰

師山集一卷　元鄭玉撰

雲陽集一卷　元李祁撰

不繫舟漁集一卷　元陳高撰

圭峰集一卷　元盧琦撰

秋聲集一卷　元黃鎮成撰

傲軒吟藁一卷　元胡天游撰

僑吳集一卷　元鄭元祐撰

近光集一卷扈從詩一卷　元周伯琦撰
夷白齋藁一卷外藁一卷　元陳基撰
玉笥集一卷　元張憲撰
灤京雜詠一卷　元楊允孚撰
待清軒遺藁一卷　宋潘音撰

初集：辛集

鐵崖古樂府一卷復古詩一卷鐵崖先生集一卷　元楊維楨撰
廬陵集一卷　元張昱撰
清閟閣藁一卷　元倪瓚撰
靜思集一卷　元郭鈺撰
石初集一卷　元周霆震撰
梧溪集一卷　元王逢撰
樵雲獨唱一卷　元葉顒撰
江月松風集一卷　元錢惟善撰
黃楊集一卷　元華幼武撰
海巢集一卷　元丁鶴年撰

玉山璞藁一卷　元顧瑛撰

初集：壬集

霞外集一卷　元馬臻撰

句曲外史集一卷　元張雨撰

筠溪牧潛集一卷　元釋圓至撰

白雲集一卷　元釋實存撰

谷響集一卷　元釋善住撰

蒲室集一卷　元釋大訢撰

山居詩一卷　元釋清珙撰

澹居藁一卷　元釋至仁撰

師子林別録一卷　元釋惟則撰

綠窻遺藁一卷　元孫淑撰

肅雝集一卷　元鄭允端撰

安南集一卷　安南陳益稷撰

初集：癸集

從諸家選本錄入續出

二集：甲集

二妙集一卷　金段克己　段成己撰
神川遯士集一卷　元劉祁撰
山邨遺稾一卷　元仇遠撰
湛淵集一卷　元白珽撰
存悔齋稾一卷　元龔璛撰
石塘稾一卷　元胡長孺撰
竹素山房詩一卷　元吾丘衍撰
習嬾齋稾一卷　元錢選撰
立雪稾一卷　元劉清叟撰
青山稾一卷　元趙文撰
水雲邨稾一卷　元劉壎撰
昭忠逸詠一卷　元劉麟瑞撰
稼邨類稾一卷　元王義山撰
在軒集一卷　元黃公紹撰

二集：乙集

雪齋集一卷　元姚樞撰
淮陽集一卷　元張洪範撰
還山遺稾一卷　元楊奐撰
鹿菴集一卷　明王磐撰
西菴集一卷　元楊果撰
威卿集一卷　元徐世隆撰
兩山稾一卷　元李思衍撰
野齋集一卷　元郭昂撰
牧菴集一卷　元姚燧撰
菊潭集一卷　元孛术魯翀撰
秋谷集一卷　元李孟撰

二集：丙集

困學齋集一卷　元鮮于樞撰
觀光稾一卷交洲稾一卷玉堂稾一卷　元陳孚撰

酸齋集一卷　元小雲石海涯（貫雲石）撰

素履齋稾一卷　元鄧文原撰

房山集一卷　元高克恭撰

清河集一卷　元元明善撰

養蒙先生集一卷　元張伯淳撰

秋岡先生集一卷　元陳思濟撰

彦威集一卷　元盧亘撰

鳩巢漫稾一卷　元李京撰

子方集一卷　元文矩撰

快雪齋集一卷　元郭畀撰

子構集一卷　元李材撰

知非堂稾一卷　元何中撰

松鄉集一卷　元任士林撰

紫巖集一卷　宋于石撰

吁里子集一卷　元揭祐民撰

得之集一卷　元何失撰

二集：戊集

清江集一卷　元傅若金撰

至治集一卷　元宋本撰

燕石集一卷　元宋褧撰

江亭集一卷　元王士熙撰

正卿集一卷　元雅琥撰

溉之集一卷　元李泂撰

五峰集一卷　元李孝光撰

居竹軒集一卷　元成廷珪撰

梅花菴稾一卷　元吳鎮撰

大癡道人集一卷　元黄公望撰

二集：己集

樵水集一卷　元黄清老撰

桂隱集一卷　元劉詵撰

檜亭集一卷　元丁復撰

五雲漫稾一卷　元韓性撰

宗海集一卷　元薛漢撰

江檻集一卷　元潘伯修撰

允從集一卷　元甘立撰

雲嶠集一卷　元陳柏撰

農務集一卷　元王禎撰

梅花字字香一卷　元郭豫亨撰

二集：庚集

子中集一卷　元伯顏撰

滋溪集一卷　元蘇天爵撰

竹齋集一卷　元王冕撰

葯房樵唱一卷　元吳景奎撰

新山稾一卷　元曹文晦撰

林外野言一卷　元郭翼撰

野航亭稾一卷　元姚文奐撰

滄江散人集一卷　元徐舫撰

二集：辛集

九靈山房集一卷　元戴良撰

貞素齋集一卷　元舒頔撰

雲臺集一卷　元郯韶撰
山陰集一卷　元劉永之撰

南湖集一卷　元貢性之撰
龜巢稾一卷　元謝應芳撰

青邨遺稾一卷　元金涓撰
東山存稾一卷　元趙汸撰

環谷集一卷　元汪克寬撰
素軒集一卷　元鄭洪撰

雲松巢集一卷　元朱希晦撰
主一集一卷　明吳志淳撰

山窗餘藁一卷　元甘復撰
聞過齋集一卷　元吳海撰

佩玉齋類稾一卷　元楊翮撰
清輝樓稾一卷　元沈右撰

二集：壬集

水雲集一卷　金譚處端撰

磻溪集一卷　金丘處機撰

看雲集一卷　元吳全節撰

上清集一卷　元薛玄曦撰

松瀑稾一卷　元黃石翁撰

學詩初稾一卷　元查居廣撰

中峰廣錄一卷梅花百咏一卷　元釋明本撰

寒拾里人稾一卷　元釋行端撰

古鼎外集一卷　元釋祖銘撰

梋堂山居詩一卷　元釋益撰

夢觀集一卷　元釋大圭撰

碧山堂集一卷　元釋宗衍撰

聯芳集一卷　元薛蘭英薛蕙英撰

三集：甲集

貽溪集一卷　元麻革撰

石泉集一卷　元張宇撰

子飍集一卷　元陳賡撰

白雲子集一卷　元房皞撰

兌齋集一卷　元曹之謙撰

緱山集一卷　元杜瑛撰

善夫先生集一卷　元杜仁傑撰

陶然集一卷　元楊雲鵬撰

須溪集一卷　宋劉辰翁撰

石堂先生遺稾一卷　宋陳普撰

東溪集一卷　宋甘泳撰

聊復軒斐集一卷　宋毛直方撰

自家意思集一卷　元劉邊撰

祥卿集一卷　元郭麟孫撰

北村集一卷　元湯炳龍撰

敬仲集一卷　元王圭撰

三集：乙集

疏齋集一卷　元盧摯撰

三集：丙集

玉霄集一卷　元滕斌撰
海粟集一卷　元馮子振撰
雪菴集一卷　元李溥光撰
如是翁集一卷　元周馳撰
侍郎集一卷　元聶古柏撰
華峰漫稾一卷　元張起巖撰
拙菴集一卷　元王士元撰
仁父集一卷　元王懋德撰
超然集一卷　元曹元用撰
聲之集一卷　元劉濩撰
效颦集一卷　元繆鑑撰
南山先生集一卷　元汪珍撰

三集：戊集

丹丘生稾一卷　元柯九思撰
時中集一卷　元劉致撰

可立集一卷　元項炯撰
絪緼集一卷　元李序撰
中行齋集一卷　元李裕撰

三集：己集

本齋集一卷　元王都中撰
仲實集一卷　元呂思誠撰
仁里漫稾一卷　元干文傳撰
止止齋稾一卷　元王艮撰
覺是集一卷　元林泉生撰
仲淵集一卷　元李源道撰
仲禮集一卷　元楊敬德撰
兩峰慚稾一卷　元陳德永撰
鳴琴集一卷　元陳天錫撰
江村先生集一卷　元錢良右撰
元亮集一卷　元彭炳撰

太初集一卷　元倪道原撰

三集：庚集

芝軒集一卷　元月魯不花撰
宛陵遺稾一卷　元汪澤民撰
伯將集一卷　元陳肅撰
萬戶集一卷　元吳訥撰
君瑞集一卷　元黃復圭撰
子平遺稾一卷　元陳謙撰
廷美集一卷　元黃元實撰
純節先生集一卷　元宇文公諒撰
師魯集一卷　元劉汶撰
容窗集一卷　無劉聞撰
純白類稾一卷　元胡助撰
世玉集一卷　元偰玉立撰
石渠居士集一卷　元張天英撰
松雪道人集一卷　元熊夢祥撰

春詠亭集一卷　元宋沂撰
宜之集一卷　元卞思義撰

彥德集一卷　元屠性撰
啓文集一卷　元昂吉撰

寄情稾一卷　元陳秀民撰
東軒集一卷　元方行撰

柔克齋集一卷　元高明撰
寅夫集一卷　元吳克恭撰

孤篷倦客稾一卷　元陳方撰
子素集一卷　元潘純撰

鄭氏聯璧集一卷　元鄭東　鄭采撰
廷璧集一卷　元李元珪撰

貞期生稾一卷　元張渥撰
弋陽山樵稾一卷　元李瓚撰

杞菊軒稾一卷　元陸友撰
仲贇集一卷　元顧盟撰

敬聚齋稾一卷　元衛仁近撰
仲愈集一卷　元彭罙撰
溪雲集一卷　元張遜撰
學古集一卷　元文質撰
荊南倡和集一卷履道集一卷　元周砥　馬治撰
明卿集一卷　元王鑑撰
鐵牛翁遺稾一卷　元何景福撰

三集：辛集

雲松野褐集一卷　元陸居仁撰
希呂集一卷　元羅蒙正撰
山長集一卷　元周棐撰
北郭集一卷　元許恕撰
雲丘道人集一卷　元張簡撰
睿夫集一卷　元瞿智撰
乾乾居士集一卷　元陸仁撰
公振集一卷　元馬麐撰

敬夫來鶴草堂稾一卷既白軒稾一卷竹洲歸田稾一卷　元呂誠撰
豆亭集一卷　元俞遠撰

三集：壬集

會稽外史集一卷　元于立撰
蒙泉集一卷　元鄭守仁撰

不繫舟集一卷　元釋祖柏撰
凝始子集一卷　元釋本誠撰

一愚集一卷　元釋子賢撰
蘭雪集一卷　宋張玉孃撰

靜樂稾一卷　安南黎崱撰

元詩選初集一百十四卷首一卷

清顧嗣立輯　清康熙三十三年長洲顧氏秀野草堂刻本　二十冊　十三行二十三字白口左右雙邊　書口鐫秀野草堂　鈐蓮池書院收藏書籍印

集32
3160

存一百十三卷

一至一百十三　首一

欽定國朝詩別裁集三十二卷　清沈德潛纂評　清乾隆二十六年翰林院刪定重刻本　十六册　十行十九字小字雙行二十六字白口左右雙邊　鈐直隸圖書館收藏記　集32 3423

欽定國朝詩別裁集三十二卷　清沈德潛纂評　清乾隆二十六年翰林院刪定重刻本　十六册　鈐直隸圖書館收藏記　集32 3423(2)

才調集十卷　後蜀韋穀輯　清初錢氏懷古堂刻本　四册　八行十八字白口四周單邊　封面鐫錢氏懷古堂藏版　鈐直隸圖書館收藏記　集32 4047

才調集補註十卷　後蜀韋穀輯　清殷元勳箋註　宋邦綏補註　馮默庵評閱　清乾隆五十八年思補堂刻本　三册　十行二十一字小字雙行同白口四周雙邊　封面鐫乾隆五十八年仲夏鐫　思補堂藏板　鈐直隸圖書館收藏記　集32 4047

四六類編十三卷　明李日華輯　魯重民補訂　明崇禎十三年刻本　六册　九行二十字小字雙行同白口四周單邊　集32 4064

集32 4280
唐文粹一百卷　宋姚鉉輯　明嘉靖五至七年晉府養德書院重刻本　八冊　十三行二十一字白口四周單邊
存四十卷　一至二十　四十一至六十

集32 4404
欽定全唐文一千卷　清董誥等輯　清嘉慶間内府刻本　六百四十冊　九行二十二字白口四周雙邊　鈐直隸圖書館收藏記

集32 4407
中晚唐詩叩彈集十二卷續集三卷　清杜詔　杜庭珠輯　清康熙四十三年采山亭刻本　四冊　十一行二十字小字雙行三十一字白口左右雙邊　書口鐫采山亭
存十一卷　一至八　續集一至三

集32 4407=2
中晚唐詩叩彈集十二卷續集三卷　清杜詔　杜庭珠輯　清仿刻康熙四十三年采山亭本　六冊　十一行二十字小字雙行三十一字白口左右雙邊　書口鐫采山亭　鈐直隸圖書館收藏記

元文類七十卷目錄三卷 元蘇天爵輯　明嘉靖十六年晉藩刻本　三十二冊　十行十九字小字雙行同白口四周單邊　書口鐫晉府重刊　鈐蓮池書院收藏書籍印　直隸圖書館收藏記

集32 4412 *

六朝詩乘二十四卷總錄一卷目錄二卷 明梅鼎祚輯　明萬曆丙午寧國郡刻本　十六冊　十行二十字小字雙行同白口左右雙邊　有刻工　目錄下鐫萬曆丙午春寧國郡雕　鈐直隸圖書館收藏記

晉六卷
陳二卷
宋四卷
北朝二卷
齊二卷
隋一卷
梁六卷
末卷一卷

集32 4823 *

淮海先生文粹十四卷 宋秦觀撰　明崇禎六年新安胡氏武林刻本　二冊　九行十九字白口左右雙邊　鈐蓮池書院收藏書籍印　直隸圖書館收藏

集32 5046

記

唐試帖箋林八卷　清秦錫淳選評　清乾隆二十三年經笥堂刻本　四冊　十行二十二字小字雙行同白口四周雙邊　封面鐫乾隆戊寅年鐫　經笥堂藏板　集32 5083

長河志籍考十卷古歡堂詩集十四卷附黔書二卷　清田雯撰　清乾隆間刻本

有懷堂詩集一卷文集一卷　清田肇麗撰　清康熙乾隆間德州田氏叢書本　八冊　十二行二十四字小字雙行同黑口左右雙邊　封面鐫長河志籍攷　古歡堂　集32 6010

校正重刊官板宋朝文鑑一百五十卷目錄三卷　宋呂祖謙輯　明刻本　二十二冊　十行二十字白口四周單邊　鈐河北省立保定蓮池圖書館印　集32 6030

明文奇賞四十卷　明陳仁錫評選　明天啓間刻本　二十冊　十行二十一字白口四周單邊　鈐直隸圖書館收藏記　集32 7528

貫華堂選批唐才子詩甲集八卷　清金聖歎評述　金雍輯　清初刻本　六冊　九行二十字小字雙行同白口左右雙邊　集32 8014

邊

古詩歸十五卷唐詩歸三十六卷　明鍾惺　譚元春評選　明江右天德堂刊崇禎石友齋重刻本　十六冊　八行二十二字小字雙行同白口四周單邊　封面鐫江右天德堂梓　後樂堂珍藏　鈐直隸圖書館收藏記　集32 8296

畿輔七名家詩鈔四十六卷　清王企埥輯　清康熙敬事堂刻本　十冊　十行二十一字白口左右雙邊　集33 1052 *

聽山詩鈔六卷　清申涵光撰
且亭詩鈔八卷　清楊思聖撰
茨菴詩鈔六卷　清王炘撰
中山集詩鈔六卷　清郝浴撰
學源堂詩鈔六卷　清郭棻撰
桂山堂詩鈔八卷　清紀炅撰
叢碧山房詩鈔六卷　清龐塏撰

詩文評類

唐詩紀事八十一卷 宋計有功撰　明汲古閣刻本　二十冊　八行十九字白口左右雙邊　書口鐫汲古閣　鈐蓮池書院收藏書籍印　直隸圖書館收藏記　集4 0441 *

唐詩紀事八十一卷 宋計有功撰　明汲古閣刻本　二十四冊　書口鐫汲古閣　鈐蓮池書院收藏書籍印　直隸圖書館收藏記　集4 0441 (2)

全唐詩話八卷 宋尤袤輯　清乾隆三十九年孫氏清芬堂重刻本　八冊　十行二十一字白口左右雙邊　有刻工　鈐直隸圖書館收藏記　集4 4300

漁隱叢話前集六十卷後集四十卷 宋胡仔輯　清乾隆年刻本　十冊　十三行二十一至二十三字不等黑口左右雙邊　序後鐫紹興甲寅槐夏之月陳奉議刊於萬卷堂　鈐直隸圖書館收藏記　集4 4727

小說類

新鐫批評出相韓湘子三十回 明楊爾增撰 明天啓三年金陵九如堂刻本 十冊 十行二十二字白口左右雙邊 封面鐫新鐫繡像韓湘子全傳金陵九如堂藏板 集52 4614 *

西遊真詮一百回 清陳士斌撰 佚名點註 清康熙三十五年翠筠山房刻本 二十冊 十一行二十四字白口四周單邊 封面鐫翠筠山房藏板 集52 7540

詞類

詞苑英華八種四十五卷 明毛晉輯 明末毛氏汲古閣刻本 二十四冊 九行二十字白口左右雙邊 各卷首頁書口鐫汲古閣 鈐蓮池書院收藏書籍印 直隸圖書館收藏記 集60 2010 *

花菴絕妙詞選十卷 宋黄昇輯

中興以來絕妙詞選十卷 宋黄昇輯

草堂詩餘四卷　宋武陵逸史輯
花間集十卷　後蜀趙崇祚輯
尊前集二卷　宋口口輯
詞林萬選四卷　明楊慎輯
詩餘圖譜三卷　明張綖輯
秦張兩先生詩餘合璧二卷　明王象晉輯
少游詩餘一卷　宋秦觀撰
南湖詩餘一卷　明張綖撰

竹坡詞三卷

宋周紫芝撰　明汲古閣刻本　三冊　八行十八字白口左右雙邊　書口鐫汲古閣

集61 7724

草堂詩餘四卷

宋何士信輯　明武陵逸史編　明末汲古閣刻本　二冊　九行二十字白口左右雙邊　書口鐫汲古閣　鈐直隸圖書館收藏記

集62 2142

詞觀續編二十二卷

清傅爕詷輯　清康熙三十一年傅爕詷稿本　八冊　十行十九字白口無邊欄　鈐傅爕詷　浣嵐氏　繩庵　等印　鈐直隸圖書館收藏

集62 2390

記

存 一至十九

詞律二十卷 清萬樹撰 清康熙尺木堂刻本 十冊 七行二十一字小字雙行同白口左右雙邊 封面鐫尺木堂藏板 書口鐫堆絮園 鈐直隸圖書館收藏記 集64 4444

曲類

校梓註釋圈證蔡伯皆大全三卷雜卷一卷 元高明撰 劉弘毅註 謝天佑校 明萬曆五年金陵富春堂刻本 四冊 九行十八字小字雙行同白口四周雙邊 書口鐫富春堂 集73 0067 *

桃花扇傳奇二卷 清孔尚任撰 清康熙間鹵園刻本 四冊 十行十九字白口四周單邊 封面鐫鹵園梓行 集73 1292

紅雪樓九種曲十三卷

清蔣士銓撰　清乾隆中紅雪樓刻本　十冊　九行二十二字白口四周單邊　封面鐫紅雪樓藏板

冬青樹一卷
香祖樓二卷
雪中人一卷
空谷香傳奇二卷
四絃秋（一名青衫淚）一卷
臨川夢二卷
一片石一卷
桂林霜（一名賜衣記）二卷
第二碑（一名後一片石）一卷

集73
4448

雍熙樂府二十卷　存十五卷

明郭勛輯　明嘉靖四十五年刻本　十八冊　十行二十一字白口四周雙邊　鈐蓮池書院收藏書籍印　直隸圖書館收藏記

一至十五

集78
0764

嘯餘譜十卷 明程明善撰 明萬曆刻本 十冊 九行二十字白口四周單邊 鈐直隸圖書館收藏記 集791 2668

納書楹紫釵記全譜二卷 明湯顯祖撰 清葉堂訂譜 清乾隆五十七年納書楹刻本 三冊 六行十八字白口四周雙邊 封面鐫乾隆壬子 納書楹藏板 集791 3663

納書楹曲譜正集四卷續集四卷外集二卷 清葉堂訂譜 清乾隆五十七年葉氏納書楹刻本 八冊 六行十八字行字行譜白口四周雙邊 封面鐫乾隆壬子春鐫 納書楹藏板 鈐直隸圖書館收藏記 集791 4490 *

存八卷 正集一至四 續集一至四

叢部

彙編叢書

叢0 1004 **增訂漢魏叢書九十六種四百七十四卷** 清王謨輯 清乾隆五十六年金谿王氏刻本 七十册 九行二十字小字雙行同白口四周單邊 封面鐫乾隆辛亥重鐫 鈐蓮池書院收藏書籍印 直隸圖書館收藏記

存七十三種三百六十九卷

經翼

焦氏易林四卷 漢焦贛撰 清趙新校

易傳三卷 漢京房撰 清呂林育校

關氏易傳一卷　北魏關朗撰　清吴紹泰校

周易略例一卷　魏王弼撰　清李學容校

古三墳一卷　晉阮咸註　清朱滉校

汲冢周書十卷　晉孔晁注　清嚴作哲校

詩傳孔氏傳一卷　衛端木賜撰　清鍾英校

詩說一卷　漢中培撰　清魏宇光校

韓詩外傳十卷　漢韓嬰撰　清黃錫禐校

毛詩草木鳥獸蟲魚疏二卷　吴陸一璣撰　清石永鈴校

大戴禮記十三卷　漢戴德撰　清王聘珍校　存六卷（一至六）

别史

越絕書十五卷　漢袁康撰　存七卷（九至十五）

吴越春秋六卷　漢趙曄撰　清游桂校

西京雜記六卷　漢劉歆撰　清淡占銓校

漢武帝内傳一卷　漢班固撰　清王洽校

飛燕外傳一卷　漢伶元撰

雜事秘辛一卷　漢亡名氏撰

華陽國志十四卷　晉常璩撰　清袁廷檮校
十六國春秋十六卷　後魏崔鴻撰　清謝家蘭校
元經薛氏傳十卷　隋王通撰　唐薛收傳　宋阮逸注　清袁绚校
羣輔録一卷　晉陶潛撰　清章文在校
英雄記鈔一卷　魏王粲撰　清包棻校
高工傳三卷　晉皇甫謐撰　清張斯涵校
蓮社高賢傳一卷　晉撰人闕　清江幼光校
神僊傳十卷　晉葛洸撰　清龔學聲校

子餘

孔叢二卷附詰墨一卷　漢孔鮒撰　清裘紹謨校
新語二卷　漢陸賈撰　清周世焯校
新書十卷　漢賈誼撰　清陳希祖校
新序十卷　漢劉向撰　清陳用光校
說苑二十卷　漢劉向撰　清楊以湀校
淮南鴻烈解二十一卷　漢劉安撰　清黄錫禧校
鹽鐵論十二卷　漢桓寬撰　清萬廷韋校

法言十卷　漢揚雄撰　清潘焯校

申鑒五卷　漢荀悅撰　清吳道傳校

論衡三十卷　漢王充撰　清顧汝璉校

潛夫論十卷　漢王符撰　清邵孟遴校

中論二卷　漢徐幹撰　清蔡祖拔校

中說二卷　隋王通撰　清邊祚游校

風俗通義十卷　漢應劭撰　清陳嘉猷校

人物志三卷　魏劉邵撰　清羅蘭王校

新論十卷　梁劉勰撰　清程尊岳校

顏氏家訓二卷　北齊顏之推撰　清余寅止校

糸同契一卷　漢魏伯陽撰　清羅以豐校

陰符經一卷　漢張良注　清馬來儀校

風後握奇經一卷握奇經續圖一卷　漢公孫宏解　清戈成校　八陳總述一卷　晉馬隆述

素書一卷　漢黃石公撰　清趙秉裕校

心書一卷　漢諸葛亮撰　清雷體剛校

載籍

古今注三卷　晉崔豹撰　清黃中模校
博物志十卷　晉張華撰　清楊之湘校
文心雕龍十卷　梁劉勰撰　清彭瑞麟校
詩品三卷　梁鍾嶸撰　清郭家蓮校
書品一卷　梁庾肩吾撰　清王翎校
尤射一卷　魏繆襲撰
拾遺記十卷　晉王嘉撰　清胡鳳藻校
述異記二卷　梁任昉撰　清王軼羣校
續齊諧記一卷　梁吳均撰　清張上沖校
搜神記八卷　晉干寶撰　清楊先烈校
搜神後記二卷　晉陶潛撰　清劉詡校
還冤記一卷　北齊顔之推撰　清饒本校
神異經一卷　漢東方朔撰　清趙秉清校
海内十洲記一卷　漢東方朔撰　清郭廷廖校
別國洞冥記四卷　漢郭憲撰　清洪章焕校
枕中書一卷　晉葛洪撰　清周濂校

佛國記一卷　晉釋法顯撰　清許旭恭校

伽藍記五卷　後魏楊衒之撰　清廖飛熊校

三輔黄圖六卷　漢亡名氏撰　清鄧傅安校

水經三卷　漢桑欽撰　清許旭惠校

星經二卷　漢甘、公、石、申撰　清李溶校

荊楚歲時記一卷　梁宗懔撰　清熊灟校

南方草木狀三卷　晉嵇含撰　清高日升校

竹譜一卷　晉戴凱之撰　清喻振聲校

禽經一卷　晉張華注　清袁有桃校

古今刀劍録一卷　梁陶弘景撰　清蔡映階校

叢0
1061

檀几叢書五十種五十卷二集五十種五十卷餘集四十七種二卷附政十種一卷

清王晫　張潮輯　清康熙三十四年至三十六年錢塘王氏霞舉堂刻本　十冊　九行二十字小字雙行同白口四周單邊　書口鐫霞舉堂　鈐直隸圖書館收藏記

第一帙東

三百篇鳥獸草木記一卷　清徐士俊撰
月令演一卷　清徐士俊撰
歷代甲子考一卷　清黄宗羲撰
二十一史徵一卷　清徐汾撰
黜朱梁紀年論一卷　清宋實穎撰
韻史一卷　清金諾撰
釋奠考一卷　清洪若皐撰
臚傳紀事一卷　清繆彤撰

第二帙壁

喪禮雜説附常禮雜説一卷　清毛先舒撰
喪服或問一卷　清汪琬撰
錦帶連珠一卷　清王嗣槐撰
操觚十六觀一卷　清陳鑑撰
十七帖述一卷　清王弘撰
龜臺琬琰一卷　清張正茂撰

稚黄子一卷　清毛先舒撰
東江子一卷　清沈謙撰

第三帙圖

續證人社約誡一卷　清惲日初撰
家訓一卷　清張習孔撰
高氏塾鐸一卷　清高拱京撰
餘慶堂十二戒一卷　清劉德新撰
猶見篇一卷　清傳麟昭撰
七勸口號一卷　清張習孔撰
元寶公案一卷　清謝開寵撰
聯莊一卷附聯騷　清張潮撰
琴聲十六法一卷　清莊臻鳳撰

第四帙書

鶴齡錄一卷　清李清撰
新婦譜一卷　清陸圻撰
新婦譜補一卷　清陳確撰

新婦譜補一卷　清查埧撰

美人譜一卷　清徐震撰

婦人鞋襪考一卷　清余懷撰

七療一卷　清張潮撰

鬱單越頌一卷　清黄周星撰

地理驪珠一卷　清張澐撰

雁山雜記一卷　清韓則愈撰

越問一卷　清王修玉撰

第五帙府

眞率會約一卷　清尤侗撰

酒律一卷　清張潮撰

酒箴一卷　清金昭鑑撰

觴政五十則一卷　清沈中楹撰

廣柳戒錄一卷　清朱曉撰

農具記一卷　清陳玉堪撰

怪石贊一卷　清宋犖撰
愓菴石譜一卷　清諸九鼎撰
端溪硯硶一卷　清高兆撰
羽族通譜一卷　清來集之撰
獸經一卷　清張綱孫撰
江南魚鮮品一卷　清陳鑑撰
虎血茶經注補一卷　清陳鑑撰
荔枝話一卷　清林嗣環撰

二集第一帙西

逸亭易論一卷　清徐繼恩撰
孟子考一卷　清閻若璩撰
人譜補圖一卷　清宋瑾撰
教孝編一卷　清姚廷傑撰
仕的一卷　清吳儀一撰
古觀人法一卷　清宋瑾撰
古人居家鄉法一卷　清丁雄飛撰

第二帙園

幼訓一卷　清崔學古撰
少學一卷　清崔學古撰
燕翼篇一卷　清李淦撰
俗砭一卷　清方象瑛撰
艾言一卷　清徐元美撰
訓蒙條例一卷　清陳芳生撰
拙翁庸語一卷　清劉芳喆撰
醉筆堂三十六善一卷　清李日景撰
七怪一卷　清黃宗羲撰

第三帙翰

崋山經一卷　清東蔭商撰
長白山錄一卷　清王士禛撰
水月令一卷　清王士禛撰
三江考一卷　清毛奇齡撰

黔中雜記一卷　清黃元治撰
苗俗紀聞一卷　清方亨咸撰
念佛三昧一卷　清金人瑞撰
佛解一卷　清畢熙暘撰

第四帙墨

漁洋詩話一卷　清王士禛撰
文房約一卷　清江人蘭撰
潭溪自課一卷　明馮京第撰
讀書燈一卷　明馮京第撰
學書淺說一卷　清王槩撰
廣惜字說一卷　清張允祥撰
古歡社約一卷　清丁雄飛撰
彷園清語一卷　清張蓋撰
鴛鴦牒一卷　明程羽文撰
裓菴黛史一卷　清張芳撰
小星志一卷　清丁雄飛撰
豔體聯珠一卷　明葉小鸞撰

戒殺文一卷　明黎遂球撰
九喜榻記一卷　清丁雄飛撰
行醫八事圖一卷　清丁雄飛撰

第五帙林

雪堂墨品一卷　清張仁熙撰
漫堂墨品一卷　清宋犖撰
水坑石記一卷　清錢朝鼎撰
琴學八則一卷　清程雄撰
觀石錄一卷　清高兆撰
紅朮軒紫泥法定本一卷　清汪鎬京撰
陽羨茗壺系一卷　明周高起撰
洞山岕茶系一卷　明周高起撰
桐堦副墨（亦名運掌經）一卷　明黎遂球撰
南村觴政一卷　清張惣撰
鴿經一卷　清張萬鍾撰

餘集卷上

山林經濟策　清陸次雲撰
讀書法　清魏際瑞撰
根心堂學規　清宋瑾撰
家塾座右銘　清宋起鳳撰
洗塵法　清馬文燦撰
香雪齋樂事　清江之蘭撰
客齋使令反　明程羽文撰
一歲芳華　明程羽文撰
蕓窗雅事　清施清撰
菊社約　清狄億撰
豆腐戒　清尤侗撰
清戒　清石崇階撰
友約　清顧有孝撰
灌園十二師　清徐沁撰

約言　清張適撰
詩本事　明程羽文撰
劍氣　明程羽文撰
石交　明程羽文撰
燈謎　清毛際可撰
宦海慈航　清蔣一埴撰
病約三章　清尤侗撰
艮堂十戒　清方象瑛撰
婦德四箴　清徐士俊撰
半菴笑政　清陳臯謨撰
書齋快事　清沈元琨撰
負卦　清尤侗撰
古今外國名考　清孫蘭撰
廣東月令　清鈕琇撰
黔西古跡考　清錢霦撰
明制女宮考　清黃百家撰

卷下

五嶽約　清韓則愈撰

攬勝圖　清吴陳琰撰

南極諸星考　清梅文鼎撰

引勝小約　明張陛撰

酒警　清程弘毅撰

酒政六則　清吴彬撰

酒約　清吴肅公撰

彷園酒評　清張蓋撰

篋貳約　清尤侗撰

小半斤謠　清黄周星撰

四十張紙牌説　清李式玉撰

選石記　清成性撰

美人揉碎梅花迴文圖　清沈士瑛撰

西湖六橋桃評　清曹之瑛撰

竹連珠　清鈕陸琇撰

征南射法　清黃百家撰

黃熟香考　清萬泰撰

附政

紀草堂十六宜　清王晫撰

課婢約　清王晫撰

報謁例言　清王晫撰

諂卦　清王晫撰

書本草　清張潮撰

貧卦　清張潮撰

花鳥春秋　清張潮撰

補花底拾遺　清張潮撰

玩月約　清張潮撰

飲中八仙令　清張潮撰

學津討原二十集一百七十三種一千零五十五卷

清張海鵬輯
清嘉慶十一年

叢0
1137

張氏照曠閣刻本　三百二十册　九行二十一字小字雙行同細黑口左右雙邊　書口鐫照曠閣
鈐直隸圖書館收藏記

第一集

子夏易傳十一卷　周卜商撰
周易集解十七卷　唐李鼎祚撰
蘇氏易傳九卷　宋蘇軾撰
京氏易傳三卷　漢京房撰　吳陸績注
關氏易傳一卷　後魏關朗撰　唐趙蕤注
周易畧例一卷　魏王弼撰　唐邢璹注
周易舉正三卷　唐郭京撰
麻長道者正易心法一卷　宋希夷先生（陳摶）受併消息

第二集

尚書鄭注十卷　漢鄭玄撰　宋王應麟輯　清孔廣林增訂
尚書中侯鄭注五卷　漢鄭玄撰　清孔廣林輯
東坡書傳二十卷　宋蘇軾撰
詩序一卷　宋朱熹撰
詩攷一卷　宋王應麟撰

詩地理考六卷　宋王應麟撰
毛詩草木鳥獸蟲魚疏廣要四卷　唐吳陸璣撰　明毛晉參
韓詩外傳十卷　漢韓嬰撰

第三集

太平經國之書十一卷首一卷　宋鄭伯謙撰
儀禮逸經傳二卷　元吳澄撰
春秋微旨三卷　唐陸淳撰
春秋金鎖匙一卷　元趙汸撰
春秋胡傳考誤一卷　明袁仁撰
癸巳論譜解一卷　宋張栻撰
司馬氏書儀十卷　宋司馬光撰
皇祐新樂圖記三卷　宋阮逸　胡瑗撰

第四集

爾雅鄭注三卷　宋鄭樵註
爾雅翼三十二卷　宋羅願撰
急就篇四卷正文一卷　漢史游撰　唐顏師古註　宋王應麟音釋
九經補韻一卷　宋楊伯嵒撰

毛詩古音考四卷讀詩拙音一卷古音攷附録一卷　明陳第撰
屈宋古音義三卷　明陳第撰

第五集

稽古録二十卷　宋司馬光撰
通鑑地理通釋十四卷　宋王應麟撰
續宋編年資治通鑑十五卷　宋劉時舉撰
宋季三朝政要六卷　宋□□撰

第六集

西京雜記六卷　晉葛洪撰
大唐創業起居註三卷　唐溫大雅撰
吳越備史四卷補遺一卷　宋范坰　林禹撰
清康紀聞録一卷　宋曹勛撰
建炎維揚遺録一卷　宋□□撰
建炎復辟記一卷　宋□□撰
北狩見聞録一卷　宋曹勛撰
松漠紀聞一卷續一卷補遺一卷　宋洪皓撰

西使記一卷　元劉郁撰
燕翼詒謀錄五卷　宋王栐撰
庚申外史一卷　明權衡撰
復辟錄一卷　明楊瑄撰
綏寇紀畧十二卷補遺三卷　清吳偉業撰

第七集

洛陽伽藍記五卷　後魏楊衒之撰
洛陽名園記一卷　宋李格非撰
東京夢華錄十卷　宋孟元老撰
夢粱錄二十卷　宋吳自牧撰
吳地記一卷後集一卷　唐陸廣微撰　後集宋□□撰
吳郡圖紀續記三卷　宋朱長文撰
佛國記一卷　宋釋法顯撰
諸蕃志二卷　宋趙汝孟撰
益部防物畧記一卷　宋宋祁撰
閩中海错疏三卷　明屠本畯撰　徐𤊹補記

海語三卷　明黄衷撰

第八集

漢制考四卷　宋王應麟撰
唐國史補三卷　唐李肇撰
王堂雜記三卷　宋周必大撰
明宮史五卷　明劉若愚撰　呂毖輯
川縣提綱四卷　宋陳襄撰
官箴一卷　宋呂本中撰
畫簾緒論一卷　宋胡太初撰
唐史論斷三卷　宋孫甫撰
通鑑問疑一卷　宋劉義仲撰
泉志十五卷　宋洪遵撰
子畧四卷目錄一卷　宋高似孫撰

第九集

周髀算經二卷音義一卷　漢趙君卿注　北周甄鸞重述　唐李淳風等注釋　音義宋李籍撰
數術記遺一卷　漢徐岳撰　北周甄鸞註
易林四卷首一卷　漢焦延壽撰
元包經傳五卷　北周衛嵩撰　唐蘇源明傳　唐李江註
元包數總義二卷　宋張行成撰
六經天文編二卷　宋王應麟撰
宅經二卷　題黄帝撰
青烏先生葬經一卷　漢青烏子撰　金兀欽仄註
古本葬書一卷　晉郭璞撰
葬經翼一卷圖一卷難解二十四篇一卷　明繆希雍撰

第十集

齊民要術十卷雜説一卷　北魏賈思勰撰
耒耜經一卷　唐陸龜蒙撰
紀效新書十八卷首一卷　明戚繼光撰
八陣合變圖説一卷　明龍正撰
增廣太平惠民和劑局方十卷總論三卷　宋陳師文等編

第十一集

法書要錄十卷　唐張彥遠撰
歷代名畫記十卷　唐張彥遠撰
圖畫見聞志六卷　宋郭若虚撰
宣和書譜二十卷　宋□□撰
宣和畫譜二十卷　宋□□撰
畫繼十卷　宋鄧椿撰

第十二集

忠經一卷　漢馬融撰　鄭玄註
鶡冠子三卷　宋陸佃解
郁離子二卷　明劉基撰
意林五卷　唐馬總撰
李氏刊誤二卷　唐李涪撰
考古編十卷　宋程大昌撰
演繁露十六卷續演繁露六卷　宋程大昌撰
西漢叢語二卷　宋姚寬撰

學齋佔畢四卷　宋史繩祖撰

第十三卷

封氏聞見記十卷　唐封演撰

東觀餘論二卷附錄一卷　宋黄伯思撰

夢溪筆談二十六卷補筆談一卷續筆談一卷　宋沈括撰

宋景文公筆記三卷　宋宋祁撰

芥隱筆記一卷　宋龔頤正撰

文昌雜錄六卷補遺一卷　宋龐元英撰

鼠璞二卷　宋戴埴撰

袪疑說一卷　宋儲泳撰

第十四集

春明退朝錄三卷　宋宋敏求撰

避暑錄話二卷　宋葉夢得撰

曲洧舊聞十卷　宋朱弁撰

卻掃編三卷　宋徐度撰

齊東野語二十卷　宋周密撰

第十五集

冷齋夜話十卷　宋釋惠洪撰
春滿紀聞十卷　宋何薳撰
師友談記一卷　宋李廌撰
東坡老林五卷　宋蘇軾撰
老學菴筆記十卷　宋陸游撰
貴耳集一卷二集一卷三集一卷　宋張端義撰
閒居錄一卷　元吾丘衍撰
瑯環記三卷　元伊世珍撰
學古編一卷　元吾丘衍撰
九經二卷　元□□撰
歙州硯譜一卷　宋唐積撰
歙硯說一卷辨歙石說一卷
硯史一卷　宋米芾撰
端溪硯譜　一卷

墨經一卷　宋晁貫之撰
雲林石譜三卷　宋杜綰撰
香譜二卷　宋洪芻撰
茶經三卷　唐陸羽撰

糖霜譜一卷　宋王灼撰

第十六集

搜神記二十卷　晉干寶撰
搜神後記十卷　晉陶潛撰
異苑十卷　劉宋劉敬叔撰
酉陽雜俎二十卷續集十卷　唐段成式撰
開天傳信記一卷　唐鄭綮撰
杜陽雜編三卷　唐蘇鶚撰
甘澤謠一卷附錄一卷　唐袁郊撰
劇談錄二卷　唐康駢撰
前定錄一卷續錄一卷　唐鍾輅撰
稽神錄六卷拾遺一卷　宋徐鉉撰

第十七集

唐摭言十五卷　南漢王定保撰
鑑戒錄十卷　後蜀何光遠撰
南部新書十卷　宋錢易撰
涑水記聞十六卷　宋司馬光撰
王文正筆錄一卷　宋王曾撰
歸田錄二卷　宋歐陽修撰
國老談苑二卷　宋王君玉撰
茅亭客話十卷　宋黃休復撰
道山清話一卷孫公談圃三卷　宋孫升述　劉延世錄
湘山野錄三卷續錄一卷　宋釋文瑩撰

第十八集

邵氏聞見前錄二十卷　宋邵伯溫撰
邵氏聞見後錄三十卷　宋邵博撰
揮麈前錄四卷後錄十一卷三錄三卷餘話二卷　宋王明清撰
玉照新志五卷　宋王明清撰

第十九集

桯史十五卷附錄一卷　宋岳珂撰
癸辛雜識前集一卷後集一卷續集二卷別集二卷　宋周密撰

錦帶書一卷　梁蕭統撰
歲華紀麗四卷　唐韓鄂撰

龍筋鳳髓判二卷　唐張鷟撰
蒙求正文一卷集註二卷　晉李瀚撰　宋徐子光補註

第二十集

道德指歸論六卷　漢嚴遵撰
古文參同契集解三卷　明蔣一彪輯

胎息經一卷　幼真先生註
眞誥二十卷　梁陶弘景撰

象教皮編六卷　明陳士元輯
樂府古題要解二卷　唐吳兢撰

詩品三卷　梁鍾嶸撰
詩品二十四則一卷　唐司空圖撰

風騷旨格一卷　唐釋齊己撰
四六話二卷　宋王銍撰
四六談塵一卷　宋謝伋撰

昭代叢書甲集五十種五十卷乙集四十種四十卷　清張潮輯　清康熙刻本　十

叢0 1137 *

六冊　九行二十字小字雙行同白口四周單邊

甲集第一帙禮

更定文章九命一卷　清王晫撰
天官考異一卷　清吳肅公撰
五行問一卷　清吳肅公撰
學歷說一卷　清梅文鼎撰
改元考同一卷　清吳肅公撰
進賢說一卷　清張能鱗撰
塾講規約一卷　清施璜撰

第二帙樂

夙興語一卷　清甘京撰
家人子語一卷　清毛先舒撰
語小一卷　清毛先舒撰
心病說一卷　清甘京撰
日錄雜說一卷　清魏禧撰
觀宅四十吉祥相一卷　清周文煒撰
增訂心相百二十善一卷　清沈捷撰
竹溪雜述一卷　清殷曝撰
問餘筆話一卷　清湯傳楹撰
暢春苑御試恭記一卷　清狄億撰

第三帙射

松溪子一卷　清王晫撰
讀莊子法一卷　清林雲銘撰
蒙養詩教一卷　清胡淵撰
謝翺年譜一卷　清徐沁撰
西華仙籙一卷　清王言撰
將就園記一卷　清黃周星撰

欸問一卷　清洪玉圖撰
黄山松石譜一卷　清閔麟嗣撰

第四帙御

外國竹枝詞一卷　清尤侗撰　尤珍注
西方要紀一卷　清西洋 利類思 安文思 南懷仁撰
安南雜記一卷　清李仙根撰
聲韻叢説一卷　清毛先舒撰
花底拾遺一卷　明黎遂球撰
十眉謡一卷附十髻謠　清徐士俊撰

第五帙書

秋星閣詩話一卷　清李沂撰
而菴詩話一卷　清徐增撰
製曲枝語一卷　清黄周星撰
書法約言一卷　清宋曹撰
戒賭文一卷　清尤侗撰
快説續紀一卷　清王晫撰

度詞一卷　清黄周星撰
酒社芻言一卷　清黄周星撰
嫩園觴政一卷　清蔡祖庚撰
芥茶彙鈔一卷　清昌襄撰

第六帙數

硯林一卷　清余懷撰
宣爐歌註一卷　清昌襄撰
裝潢志一卷　清周嘉胄撰
牌譜一卷　清鄭旭旦撰
三友棋譜一卷　清鄭晉德撰
兵仗記一卷　清王晫撰
荔枝譜一卷　清陳鼎撰
蘭言一卷　清昌襄撰
龍經一卷　清王晫撰

乙集第一帙山

毛朱詩説一卷　清閻若璩撰

春秋三傳異同考一卷　清吴陳琰撰

讀禮問一卷　清吴肅公撰

叢0 2168

雅雨堂叢書十三種一百六十八卷　清盧見曾輯　清乾隆二十一年至二十五年德州盧氏雅雨堂刻本　二十一冊　十行二十一字小字雙行同白口四周單邊　封面鐫乾隆丙子鐫　雅雨堂藏板　書口鐫雅雨堂　鈐直隸圖書館收藏記

存十二種一百三十八卷

易傳十七卷　唐李鼎祚集解　周易音義一卷　唐陸德明撰

周易乾鑿二卷　漢鄭玄注

鄭氏周易三卷圖一卷　漢鄭玄注　宋王應麟輯　清惠棟增補

鄭司農集一卷　漢鄭玄撰

尚書大傳四卷補遺一卷續補遺一卷考異一卷　漢伏勝撰　鄭玄注　續補遺考異　清盧文弨輯

大戴禮記十三卷　漢戴德撰　北周盧辯注

戰國策三十三卷　漢高誘注

匡謬正俗八卷　唐顔師古撰

封氏聞見記十卷　唐封演撰

摭言十五卷　唐王定保撰

文昌雜錄六卷補遺一卷　宋龎元英撰

北夢瑣言二十卷　宋孫光憲撰

叢0 2610

說鈴前集三十八種四十七卷
存三十七種四十五卷

清吳震方輯　清康熙刻本　十二冊　十一行二十五字白口左右雙邊

冬夜箋記一卷　清王崇簡撰

隴蜀餘聞一卷　清王士禛撰

安南雜記一卷　清李仙根撰

奉使俄羅斯日記一卷　張朋翩撰

筠廊偶筆二卷　清宋犖撰

金鰲退食筆記二卷　清高士奇撰

扈從西巡日錄一卷　清高士奇撰

塞北小鈔一卷　清高士奇撰

松亭行紀二卷　清高士奇撰

天祿識餘二卷　清高士奇撰

封長白山記一卷　清方象瑛撰
使琉球　一卷　清張學禮撰
閩小　二卷　清周亮工撰
西征　畧一卷　清殷化行撰
行　程一卷續抄一卷　清許纘曾撰
東還　程一卷續抄一卷　清許纘曾撰
絕域　畧一卷　清方拱乾撰
陽州鼓吹詞序一卷　清吳綺撰
粵述一卷　清閔敘撰
粵西偶記一卷　清陸祚蕃撰
黔　游一卷　清陳鼎撰
京東考古錄一卷　清顧炎武撰
山東考古錄一卷　清顧炎武撰
救文格論一卷　清顧炎武撰
雜錄一卷　清顧炎武撰
守汴日志一卷　明李光殿口授　清周斯盛重編

坤輿外　一卷　清西洋南懷仁撰
臺灣　略一卷　清林謙光撰
臺灣雜記一卷　清季麟光撰
安南　游一卷　清潘鼎珪撰
峒谿纖志一卷　清陸次雲撰
泰山　勝一卷　清孔貞瑄撰
匡廬　游一卷　清吳闡思撰
登華記一卷　清屈大均撰
游雁蕩山記一卷　清周清原撰
甌江逸志一卷　清勞大與撰
嶺南雜記二卷　清吳震方撰

知不足齋叢書三十集

清鮑廷博輯　清乾隆道光間長塘鮑氏刻本　一百八十一冊
九行二十一字小字雙行同黑口左右雙邊　書口鐫知不足齋叢書

鈐直隸圖書館收藏記

存二十三集　一至二十三

第一集

御覽闕史二卷　唐高彦休撰
古文孝經孔氏傳一卷　漢孔安國撰
寓簡十卷附録一卷　宋沈作喆撰
两漢刊誤補遺十卷附録一卷　宋吳仁傑撰
涉史隨筆一卷　宋葛洪撰
客抗日記一卷　元郭畀撰
韻石齋筆談二卷　清姜紹書撰
七頌堂識小録一卷　清劉體仁撰

第二集

公是先生弟子記一卷　宋劉敞撰
經筵玉音問答一卷　宋胡銓撰
碧溪诗话十卷　宋黄徹撰
獨醒雜志十卷附録一卷　宋曾敏行撰
梁谿漫志十卷附録一卷　宋費衮撰
赤雅三卷　明鄺露撰

諸史然疑一卷　清杭世駿撰
榕城詩話三卷　清杭世駿撰

第三集

入蜀記六卷　宋陸游撰
猗覺寮雜記二卷　宋朱翌撰
對牀夜语五卷　宋范晞文撰
歸田詩話三卷　明瞿佑撰
南濠詩話一卷　明都穆撰
麓堂詩話一卷　明李東陽撰
石墨鐫華八卷　明趙崡撰

第四集

孫子算經三卷　唐李淳風等注釋
五曹算經五卷　唐李淳風等注釋
釣磯立談一卷附錄一卷　宋史□撰
洛陽搢紳舊聞記五卷　宋張齊賢撰
四朝聞見錄五卷附錄一卷　宋葉紹翁撰

第五集

清虛雜著三卷補闕一卷　宋王鞏撰
聞見近錄一卷
甲申雜記一卷
隨手雜錄一卷
補漢兵志一卷　宋錢文子撰
臨漢隱居詩話一卷　宋魏泰撰
滹南詩話三卷　金王若虛撰
歸潛志十四卷附錄一卷　元劉祁撰
黄孝子紀程二卷附一卷　清黄向堅撰
尋親紀程一卷
滇還日記一卷
虎口餘生記一卷　明邊大綬撰
附
澹生堂藏書約一卷　明祁承㸁撰

流通古書約一卷　清曹溶撰
苦瓜和尚畫語錄一卷　清釋道濟撰

第六集

玉壺清話十卷　宋釋文瑩撰
愧郯錄十五卷　宋岳珂撰
碧雞漫志五卷　宋王灼撰
樂府補題一卷　元陳恕可輯
蛻巖詞二卷　元张翥撰

第七集

論語集解義疏十卷　魏何晏集解　梁黄侃義書
离騒草木疏四卷　宋吳仁傑撰
游宦紀聞十卷　宋張世南撰

第八集

張丘建算經三卷　□張丘建撰　北周甄鸞注　唐李淳風等注釋　唐劉孝孫細草
緝古算經一卷　唐王孝通撰併注

默記一卷　宋王銍撰
南湖集十卷附錄三卷　宋張鎡撰
蘋洲漁笛譜二卷　宋周密撰

第九集

金樓子六卷　梁元帝撰
鐵圍山叢談六卷　宋蔡絛撰
農書三卷　宋陳旉撰
蠶書一卷　宋秦觀撰
於潛令樓公進耕織二圖詩一卷附錄一卷　宋樓璹撰
湛淵靜語二卷　元白珽撰
責備餘談二卷附錄一卷　明方鵬撰

第十集

續孟子二卷　唐林慎思撰
伸蒙子三卷　唐林慎思撰
麟角集一卷附錄一卷　唐王棨撰

蘭亭考十二卷附羣公帖跋一卷　宋桑世昌撰

蘭亭續考二卷　宋俞松撰

第十一集

詩傳注疏三卷　宋謝枋得撰

顔氏家訓七卷附攷證一卷　北齊顔之推撰　攷證宋沈揆撰

江南餘載二卷　宋鄭文寶撰

五國故事二卷　宋□□撰

故宫遺錄一卷　明蕭洵撰

伯牙琴一卷續補一卷　宋鄧牧撰

洞霄詩集十四卷　元孟宗寶輯

石湖詞一卷補遺一卷　宋范成大撰

附

和石湖詞一卷　宋陳三聘撰

花外集（一名碧山藥府）一卷　宋王沂孫撰

第十二集

昌武段氏詩義指南一卷　宋段昌武撰
離騷集傳一卷　宋錢杲之撰

江淮異人錄一卷　宋吳淑撰
慶元黨禁一卷　宋樵川樵叟撰

酒經三卷　宋朱肱撰
山居新話一卷　元楊瑀撰

鬼董五卷　宋沈□撰
墨史三卷　元陸友撰

畫訣一卷　清龍賢撰
畫筌一卷　清笪重光撰

今水經一卷表一卷　清黄宗羲撰
佐治藥言一卷續一卷　清汪輝祖撰

第十三集

相臺書塾刊正九經三傳沿革例一卷　宋岳珂撰
元真子三卷　唐張志和撰

翰苑羣書二卷　宋洪遵輯

卷上

翰林志一卷　唐李肇撰

承旨學士院記一卷　唐元稹撰

翰林學士記一卷　唐韋處厚撰

翰林院故事一卷　唐韋執誼撰

翰林學士院舊規一卷　唐楊鉅撰

重修承旨學士壁記一卷　唐丁居晦撰

卷下

禁林讌薈集一卷　宋李昉等撰

續翰林志二卷　宋蘇易簡撰

次續翰林志一卷　宋蘇耆撰

學士年表一卷　宋□□撰

翰苑題名一卷　宋□□撰

翰苑遺事一卷　宋洪遵撰

朝野類要五卷　宋趙升撰

碧血録二卷　明黄煜輯
附
周瑞孝先生血疏貼黄册一卷　明周茂蘭撰
逍遥集一卷　宋潘閬撰
百正集三卷　宋連文鳳撰
張子野詞二卷補遺二卷　宋張先撰
貞居詞一卷補遺一卷　元張雨撰

第十四集

籟紀一卷　□陳叔齊撰
潛虚一卷　宋司馬光撰
附
潛虚發微論一卷　宋張敦實撰
袁氏世範三卷　宋袁采撰
附
集事詩鑒一卷　宋方昕撰
天水冰上鍨不分卷附録一卷　明□□撰

附
鈐山堂書畫記一卷　明文嘉撰

第十五集

新唐書糾繆二十卷附錄一卷　宋吳縝撰
修唐書史臣表一卷　清錢大昕撰
洞霄圖志六卷　宋鄧牧撰
贅隅子歔欷鎖微論二卷　宋黄晞撰
世緯二卷附録一卷　明袁袠撰

第十六集

皇宋書録三卷　宋董史撰
宣和奉使高麗圖經四十卷附録一卷　宋徐兢撰
武林舊事十卷附録一卷　宋四水潛夫（周密）撰
錢塘先賢傳贊一卷附録一卷　宋袁韶撰

第十七集

五代史纂誤三卷　宋吳鎮撰
嶺外代答十卷　宋周去非撰

南窗紀談一卷　宋□□撰

蘇沈内翰良方十卷　宋蘇軾　宋沈括撰

浦陽人物記二卷　明宋濂撰

第十八集

宜州乙酉家乘一卷　宋黄庭堅撰

吴船録二卷　宋范成大撰

清波雜志十二卷别志三卷　宋周輝撰

蜀難叙略一卷　清沈荀蔚撰

灊山集三卷補遺一卷附録一卷　宋朱翌撰

頤菴居士集二卷　宋劉應時撰

第十九集

文苑英華辨證十卷　宋彭叔夏撰

詩紀匡謬一卷　清馮舒撰

西塘集耆舊續聞十卷　宋陳鵠撰

山房随筆一卷　元蔣子正撰

勿菴歷算書目一卷　清梅文鼎撰
黄山領要録二卷　清汪洪度撰
世善堂藏書目録二卷　明陳第撰

第二十集

測圓海鏡細草十二卷　元李冶撰
蘆浦筆記十卷　宋劉昌詩撰
五代史記纂誤補四卷　清吴蘭庭撰
山静居書論二卷　清方薰撰
茗香詩論一卷　清宋大樽撰

第二十一集

孝經鄭註一卷附補証一卷　漢鄭玄撰　補証清洪頤煊撰
孝經鄭氏解一卷　漢鄭玄撰　清臧庸輯
益古演段三卷　元李冶撰
弧矢算術細草一卷　清李鋭撰
五總志一卷　宋吴炯撰

黄氏日抄古今紀要逸編一卷　宋黄震撰

丙寅北行日譜一卷　明朱祖文撰

粤行紀事三卷　清瞿昌文撰

滇黔土司婚禮記一卷　清陳鼎撰

三山鄭菊山先生清雋集一卷　宋鄭起撰　元仇遠撰

所南翁一百二十圖詩集一卷附錦錢餘笑一卷附録一卷　宋鄭思肖撰

鄭所南先生文集一卷　宋鄭思肖撰

第二十二集

重彫足本鑒誡録十卷　後蜀何光遠撰

侯鯖録八卷　宋趙令時撰

松窗百説一卷　宋李季可撰

北軒筆記一卷　元陳世隆撰

藏海詩話一卷　宋吴可撰

吴禮部詩話一卷　元吴師道撰

畫墁集八卷補遺一卷　宋張舜民撰

第二十三集

讀易別録三卷　清全祖望撰
古今僞書考一卷　清姚際恆撰
澠水燕談録十卷　宋王闢之撰
石湖紀行三録　宋范成大撰　吳船録收入第十八集
攬轡録一卷
驂鸞録一卷
附
　桂海虞衡志一卷　宋范成大撰
北行日録二卷　宋樓鑰撰
放翁家訓一卷　宋陸游撰
庶齋老學叢談三卷　元盛如梓撰
湛淵遺稾三卷補一卷　元白珽撰
趙待制遺稾一卷　元趙雍撰
附
　王國器詞一卷　元王國器撰

叢　部　彙編叢書

灤京雜詠二卷　元楊允孚撰

陽春集一卷　宋米友仁撰

草窗詞二卷補二卷　宋周密撰

叢0 4040

百川學海一百種一百七十九卷

宋左圭編　明弘治十四年華珵刻本　四十八冊　十二行二十字小字雙行同白口左右雙邊

鈐蓮池書院收藏書籍印　直隸圖書館收藏記

存一百種一百七十八卷

甲集

聖門事業圖一卷　宋李元綱撰

漁樵對問一卷　宋邵雍撰

學齋佔畢四卷　宋史繩祖撰

獨斷二卷　漢蔡邕撰

李涪刊誤二卷　唐李涪撰

九經補韻一卷　宋楊伯嵒撰

中華古今注三卷　後唐馬縞撰

釋常談三卷　宋□□撰

乙集

隋遺錄二卷　唐顏師古撰

翰林志一卷　唐李肇撰

宋朝燕翼詒謀錄五卷　宋王栐撰

春明退朝錄三卷　宋宋敏求撰

淳熙玉堂雜記三卷　宋周必天撰

揮麈錄二卷　題宋楊萬里撰

丁晉公談錄一卷　宋丁謂撰

王文正公筆錄一卷　宋王曾撰

開天傳信記一卷　唐鄭綮撰

丙集

厚德錄四卷　宋李元綱撰

韓忠獻公遺事一卷　宋強至撰

文正王公遺事一卷　宋王素撰

濟南先生師友談記一卷　宋李廌撰

可談一卷　宋朱彧撰

河東先生龍城錄二卷　唐柳宋元撰

前定錄一卷續前定錄一卷　唐鍾輅撰

國老淡苑二卷　宋王君玉撰

晁氏客語一卷　宋晁説之撰

道山清話一卷

丁集

書簾緒論一卷　宋胡太初撰

官箴一卷　宋吕本中撰

祛疑説一卷　宋儲泳撰

因論一卷　唐劉禹錫撰

宋景文公筆記三卷　宋宋祁撰

鼠璞一卷　宋戴埴撰

善誘文一卷　宋陳録撰

戊集

東坡先生志林集一卷　宋蘇軾撰
螢雪叢説二卷　宋俞成撰
蘇黄門龍川略志十卷　宋蘇轍撰
西疇老人常言一卷　宋何坦撰
欒城先生遺言一卷　宋蘇籀撰
東谷所見一卷　宋李之彦撰
雞肋一卷　宋趙崇絢撰
孫公談圃三卷　宋孫升述　宋劉延世録

己集

王公四六話二卷　宋王銍撰
四六談麈一卷　宋謝伋撰
文房四友除授集一卷　題安晚先生撰
耕祿藁一卷　宋胡錡撰
子略四卷　宋高似孫撰
騷略三卷　宋高似孫撰
獻醜集一卷　宋許棐撰

庚集

選詩句圖一卷　宋高似孫撰
石林詩話三卷　宋葉夢得撰
六一居士詩話一卷　宋歐陽修撰
東萊呂紫微詩話一卷　宋呂本中撰
珊瑚鉤詩話三卷　宋張表臣撰
劉攽貢父詩話一卷　宋劉攽撰
後山居士詩話一卷　題宋陳師道撰
許彥周詩話一卷　宋許顗撰
司馬溫公詩話一卷　宋司馬光撰
庚溪詩話二卷　宋陳巖有撰
竹坡老人詩話三卷　宋周紫芝撰

辛集

法貼釋文十卷　宋劉次莊撰
海岳名言一卷　宋米芾撰

寶章待訪錄一卷　宋米芾撰
米元章書史一卷　宋米芾撰
書斷四卷　唐張懷瓘撰
續書譜一卷　宋姜夔撰
試筆一卷　宋歐陽修撰
書譜一卷　唐孫過庭撰
法帖刊誤二卷　宋黄佰思撰
高宗皇帝御製翰墨志一卷　宋高宗趙構撰
法帖譜系二卷　宋曹士冕撰
譜系雜説二卷

壬集

端溪硯蒲譜一卷　□□撰
硯譜一卷　□□撰
歙州硯譜一卷歙硯説一卷辨歙石説一卷　□□撰
硯史一卷　宋米芾撰
古今刀劍録一卷　梁陶弘景撰
香譜二卷　宋洪芻撰

茶經三卷　唐陸羽撰

煎茶水記一卷　唐張又新撰

茶錄一卷　宋蔡襄撰

東溪試茶錄一卷　宋宋子安撰

酒譜一卷　宋竇苹撰

本心齋疏食譜一卷　宋陳達叟撰

筍譜一卷　宋釋贊寧撰

菌譜一卷　宋陳仁玉撰

蟹譜二卷　宋傅肱撰

癸集

荔枝譜一卷　宋蔡襄撰

橘錄三卷　宋韓彥直撰

南方草木狀三卷　晉嵇含撰

竹譜一卷　晉戴凱之撰

菊譜一卷　宋劉蒙撰

菊譜一卷　宋范成大撰

菊譜一卷　宋史正志撰
梅譜一卷　宋范成大撰
洛陽牡丹記一卷　宋歐陽修撰
牡丹榮辱志一卷　宋丘璿撰
揚州芍藥譜一卷　宋王觀撰
海棠譜三卷　宋陳思撰
師曠禽經一卷　晉張華註
名山洞天福地記一卷　前蜀杜光庭撰

山水二經合刻二種五十八卷　清黃曉峯輯　清乾隆中天都黃氏槐蔭草堂刻本　十六册　十一行二十一字小字雙行同細黑口四周單邊　封面鐫天都黃曉峯校刊槐蔭堂藏板　鈐直隸圖書館收藏記　叢0 4462

水經注四十卷　北魏酈道元撰
山海經傳十八卷　晉郭璞撰

古今說海一百三十五種一百四十二卷　明陸楫輯　清道光元年邵氏酉山堂刻本　二十册　八行十六　叢0 7446

書口鎸儼山書院　松岩補刻　青藜館　目錄後鎸道光元年苕溪邵氏酉山堂重刊　字小字雙行同白口左右雙邊　鈐直隸圖書館收藏記

說選部

存一百二十種一百二十五卷

小錄家

北征錄一卷　明金幼孜撰
北征後錄一卷　明金幼孜撰
北征記一卷　明楊榮撰

偏記家

平復錄一卷　明黃標撰
江南別錄一卷　宋陳彭年撰
三楚新錄三卷　宋周羽翀撰
溪蠻叢笑一卷　宋朱輔撰
遼志一卷　宋葉隆禮撰
金志一卷　宋宇文懋昭撰

蒙韃備錄一卷　宋孟珙撰
北邊備對一卷　宋程大昌撰
桂海虞衡志一卷　宋范成大撰
真臘風土記一卷　元周達觀撰
北戶錄一卷　唐段公路撰
西使記一卷　元劉郁撰
北轅錄一卷　宋周輝撰
滇戴記一卷　明楊慎撰
星槎勝覽四卷　明費信撰

說淵部

別傳家

靈應傳一卷　唐□□撰
洛神傳一卷　唐薛瑩撰
夢遊錄一卷　唐任蕃撰
吳保安傳一卷　唐牛肅撰

崑崙奴傳一卷　唐楊巨源撰
鄭德璘傳一卷　唐薛瑩撰
李章武傳一卷　唐李景亮撰
韋自東傳一卷　唐□□撰
趙合傳一卷　唐□□撰
杜子春傳一卷　唐鄭虫還古撰
裴伷先別傳一卷　唐□□撰
震澤龍女傳一卷　唐薛瑩撰
袁氏傳一卷　後蜀顧敻撰
少室仙姝傳一卷　唐□□撰
李林甫外傳一卷　唐□□撰
遼陽海神傳一卷　明蔡羽述
蚍蜉傳一卷　唐□□撰
甘棠靈會錄一卷
顏濬傳一卷　唐□□撰
張無頗傳一卷　唐□□撰

板橋記一卷　唐□□撰
鄴侯外傳一卷　唐李蘩撰
洛京獵記一卷　唐□□撰
玉壺記一卷　唐□□撰
姚生傳一卷　唐□□撰
唐晅手記一卷　唐唐晅撰
獨孤穆傳一卷　唐□□撰
王恭伯傳一卷　唐□□撰
中山狼傳一卷　宋謝良撰
崔煒傳一卷　唐□□撰
陸顒傳一卷　唐□□撰
潤玉傳一卷
李衛公別傳一卷　唐□□撰
齊推女傳一卷　唐□□撰
魚服記一卷　唐□□撰
聶隱娘傳一卷

袁天綱外傳一卷　唐□□撰

曾季衡傳一卷　唐□□撰

蔣子文傳一卷　唐羅鄴撰

張遵言傳一卷　唐□□撰

侯元傳一卷　唐□□撰

同昌公主外傳一卷□□蘇鶚撰

睦仁蒨傳一卷　唐陳鴻撰

韋鮑二生傳一卷　唐□□撰

張令傳一卷　唐□□撰

李清傳一卷　唐□□撰

薛昭傳一卷　唐□□撰

王賈傳一卷　唐□□撰

烏將軍記一卷　唐□□撰

竇玉傳一卷　唐□□撰

柳參軍傳一卷　唐□□撰

人虎傳一卷　唐□□撰

馬自然傳一卷　唐□□撰

寶應錄一卷　唐□□撰

白蛇記一卷　唐□□撰

巴西侯傳一卷　唐□□撰

柳歸舜傳一卷　唐□□撰

求心錄一卷　唐□□撰

知命錄一卷　唐□□撰

山莊夜恠錄一卷　唐□□撰

五真記一卷　唐□□撰

小金傳一卷　唐□□撰

林靈素傳一卷　宋趙與旹撰

海陵三仙傳一卷　唐□□撰

說郛部

雜記家

默記一卷　宋王銍撰

宣政雜錄一卷　宋江萬里撰

靖康朝野僉言一卷　宋□□撰
朝野遺紀一卷　宋□□撰
墨客揮犀一卷　宋彭乘撰
續墨客揮犀一卷　宋彭乘撰
聞見雜錄一卷　宋蘇舜欽撰
山房隨筆一卷　元蔣子正撰
諸史一卷　宋沈俶撰
昨夢錄一卷　宋康譽之撰
三朝野史一卷　元吳萊撰
鐵圍山叢談一卷　宋蔡絛撰
孔氏雜說一卷　宋孔平仲撰
瀟湘錄一卷　題唐李隱撰
三水小牘一卷　唐皇甫枚撰
談藪一卷　宋龐元英撰
清尊錄一卷　宋廉布撰
睽車志一卷　宋郭彖撰

話腴一卷　宋陳郁撰
朝野僉載一卷　宋張鷟撰
古杭雜記一卷　宋李有撰
蒙齋筆談一卷　題宋鄭景壁撰
文昌雜録一卷　宋龐元英撰
就日録一卷　宋□□撰
碧湖雜記一卷　宋謝枋得撰
錢氏私誌一卷　宋錢愐撰
遂昌山樵雜録一卷　元鄭元祐撰
高齋漫録一卷　宋曾慥撰
桐陰舊話一卷　宋韓元吉撰
霏雪録一卷　明劉績撰
東園友聞一卷　元□□撰
拊掌録一卷　元元懷撰

說纂部

逸事家

漢武故事一卷　題漢班固撰
艮嶽記一卷　宋張淏撰
青溪寇軌一卷　宋方勺撰
煬帝海山記一卷　唐韓偓撰
煬帝迷樓記一卷　唐韓偓撰
煬帝開河記一卷　唐韓偓撰

貸園叢書初集十二種四十九卷

清周永年輯　清乾隆五十四年歷城周氏竹西書屋據益都李文藻本重印　十六冊　十行二十一字或二十三字不等　小字雙行同黑口左右雙邊　封面鐫竹西書屋藏板　鈐直隸圖書館收藏記

叢0 7738

九經古義十六卷　清惠棟撰
易例二卷　清惠棟撰
春秋左傳補注六卷　清惠棟撰
左傳評三卷　清李文淵撰
古韻標准四卷詩韻舉例一卷　清江永撰　戴震參定
四聲切韻表一卷凡例一卷　清江永撰

聲韻考四卷　清戴震撰
石刻鋪敘二卷　宋曾宏父撰
鳳墅殘貼釋文二卷　清錢大昕撰
三事忠告四卷　元張養浩撰
牧民忠告二卷
風憲忠告一卷
廟堂忠告一卷
高庵間話二卷　清張爾岐撰
談龍錄一卷　清趙執信撰

自著叢書

叢3 0821

許文正公遺書十五種十二卷首一卷末二卷

元許衡撰　清乾隆五十五年重刻本　八冊　九行二十二字白口四周單邊　封面鐫乾隆五十五年鐫

語錄二卷

小學大義大學要略一卷

大學直解一卷

中庸直解一卷

讀易私言一卷

陰陽消長論揲蓍說一卷

奏疏一卷

雜著一卷

書狀一卷

稽古千文編年歌括一卷

詩一卷

授時歷經一卷

王漁洋遺書三十八種　清王士禛撰　清康熙間刻本　八冊　十行十九二十字黑口左右雙邊　叢3 1043

存八種十三卷

載書圖詩一卷　清王士禛撰

浯溪考二卷　清王士禛撰

古鉢集選一卷　清王士祜撰　王士禛選
抱山集選一卷　清王士禧撰　王士禛選
考功集選四卷　清王士禄撰　王士禛選
長白山錄一卷補遺一卷　清王士禛撰
隴蜀餘聞一卷　清王士禛撰
國朝諡法攷一卷　清王士禛撰

叢3
2043

西河合集一百十八種四百九十六卷

清毛奇齡撰　清乾隆蕭山陸凝瑞堂刻本　一百零二冊　十行二十字小字雙行同白口四周單邊　封面鐫蕭山陸凝瑞堂藏板　鈐蓮池書院收藏書籍印

經集

首一卷
仲氏易三十卷
推易始末四卷
河圖洛書原舛編一卷
太極圖說遺議一卷

易小帖五卷

易韻四卷

古文尚書寃詞八卷

尚書廣聽録五卷

舜典補亡一卷

國風省篇一卷

毛詩寫官記四卷

詩札二卷

詩傳詩説駁義五卷

白鷺洲主客説詩一卷

續詩傳鳥名三卷（總目未列）

昏禮辨正一卷

廟制折衷二卷

曾子問講録四卷

大小宗通繹一卷

北郊配位尊西向議一卷

辨定嘉靖大禮議二卷
辨定祭禮通俗譜五卷
喪禮吾說篇十卷
春秋毛氏傳三十六卷
春秋屬辭比事記四卷
春秋條貫篇十一卷
春秋占筮書三卷（總目未列）
春秋簡書刊誤二卷（總目未列）
四書索解四卷　清王錫輯
論語稽求篇七卷（總目未列）
大學證文四卷
大學知本圖說一卷
中庸說五卷
四書賸言四卷
四書賸言補二卷
聖問釋非錄五卷

逸講箋三卷

聖論樂本解說二卷
竟山樂録（一名古學復興録）四卷
皇言定聲録八卷
李氏學樂録二卷

孝經問一卷
周禮問二卷

大學問一卷
明堂問一卷

學校問一卷
郊社禘祫社問一卷

經問十八卷
經問補三卷

文集

誥詞一卷
頌一卷

主客辭二卷
奏疏一卷
議四卷
揭子一卷
劄子二卷
館擬判一卷
書八卷
牘一卷
箋一卷
序三十四卷
引弁首一卷
題題詞題端一卷
跋一卷
書後錄起一卷
碑記十一卷
傳十一卷

王文成傳本二卷
墓碑銘二卷
墓表五卷
墓誌銘十六卷
神道碑銘二卷
塔誌銘二卷
事狀四卷
年譜一卷
記事一卷
集課記一卷
說一卷
錄一卷
制科雜錄一卷
後觀石錄一卷
越語肯綮錄一卷
何御史孝子祠主復位錄一卷

湘湖水利志三卷
蕭山縣志刊誤三卷
杭志三詰三誤辨一卷
天問補注一卷
館課擬文一卷
答三辨文一卷
釋二辨文一卷
折客辨學文一卷
辨聖學非道學文一卷
辨忠臣不徒死文一卷
古禮今律無繼嗣文一卷
古今無慶生日文一卷
禁室女守志殉死文一卷
勝朝彤史拾遺記六卷
武宗外紀一卷
蠻司合誌十五卷

韻學要指（一名古今通韻括略）十一卷
賦四卷
九懷詞一卷
誄文一卷
詩話八卷
詞話二卷
填詞六卷
擬連廂詞一卷
二韻詩（即五言絕句）三卷
七言絕句八卷
排律六卷
七言古詩十三卷
五言律詩六卷
七言律詩十卷
七言排律一卷
五言格詩五卷

雜體詩一卷
五言三韻律
七言三韻律
六言詩

徐都講詩一卷　清徐昭華撰

朱文端公藏書十三種一百八十三卷　清朱軾撰　清康熙乾隆間刻本　八十冊　八行二十字九行二十二字十行二十字不等小字雙行同白口四周雙邊左右雙邊四周單邊不等　鈐蓮池書院收藏書籍印　直隸圖書館收藏記

叢 3
2553

周易傳義合訂十二卷
春秋鈔十卷首一卷

孝經一卷附孝經三本管窺三卷　元吴澄校定　附吴隆元撰
儀禮節略十七卷圖三卷

大戴禮記十三卷　漢戴德撰　北周盧辯注　清朱軾句讀
禮記纂言三十六卷　元吴澄撰　清朱軾重校

呂氏四禮翼四卷　明呂坤撰　清朱軾評點
張子全書十五卷　宋張載撰

顔氏家訓二卷　北齊顔之推撰　清朱軾評點
家範十卷　宋司馬光撰　清朱軾評點
歷代名儒傳八卷　清朱軾等輯
歷代名臣傳三十五卷續編五卷　清朱軾等輯
歷代循吏傳八卷　清朱軾等輯

杭大宗七種叢書十八卷

叢3 4047

清杭世駿撰　清乾隆中杭賓仁羊城刻本　八冊　十行二十一字或二十字小字雙行同白口左右雙邊或四周單邊

鈐蓮池書院收藏書籍印　直隸圖書館收藏記

諸史然疑一卷
漢書蒙拾三卷後漢書蒙拾二卷
石經考異二卷
續方言二卷
晉書補傳贊一卷
文選課虚四卷
榕城詩話三卷

叢3
4310

戴氏遺書十五種一百卷

清戴震撰　清乾隆中曲阜孔氏微波榭叢書本　二十四冊　十行二十一字小字雙行同白口四周雙邊或左右雙邊　書口鐫微波榭刻

東原文集十卷
毛鄭詩考證四卷首一卷
杲溪詩經補注二卷
考工記圖二卷
原善三卷
原象一卷
續天文略二卷
孟子字義疏證三卷
聲韻考四卷
水地記一卷
方言疏證十三卷
聲類表九卷首一卷
水經注四十卷
策算一卷

句股割圜記三卷

儼山外集二十三種四十卷陸文裕公續集十卷　明陸深撰　明嘉靖三十年陸楫刻本

十冊　十行二十字白口左右雙邊　外集卷末鐫不肖孤楫注血校刻　鈐蓮池書院收藏書籍印　直隸圖書館收藏記

傳疑錄二卷
河汾燕閒錄二卷
春風堂隨筆一卷
聖駕南巡日錄一卷
大駕北還錄一卷
淮封日記一卷
南遷日記一卷
知命錄一卷
金臺紀聞二卷
願豐堂漫書一卷
谿山餘話一卷

玉堂漫筆三卷
停驂錄一卷續三卷
科場條貫一卷
豫章漫抄四卷
中和堂隨筆二卷
史通會要三卷
平胡錄一卷
春雨堂雜抄一卷
同異錄一卷
蜀都雜抄一卷
古奇器錄一卷附江東藏書目錄小序一卷
書輯三卷

索引字頭筆劃檢字表

（各畫按起筆丶一丨丿順序排列）

韓 4445_6
隸 4593_2
檀 4091_6
［丨］
嘯 6502_7
［丿］
總 2693_0

十八畫

［一］
擷 5108_6
醫 7760_1
［丨］
豐 2210_8
藏 4425_3
舊 4477_7
叢 3214_7
［丿］
鵝 2752_7
魏 2641_3
歸 2712_7

十九畫

［丶］
韻 0668_6
廬 0021_7
類 9148_6
［丨］
羅 6091_4
［丿］
簷 8826_1

二十畫

［丨］
蘇 4439_4
［丿］
釋 2694_1
籌 8864_1
繡 2592_7

二十一畫

［丿］
續 2498_6

二十二畫

［丶］
讀 0468_6
［丿］
儼 2624_8

二十四畫

［一］
蠶 7113_6

索引字頭拼音檢字表

K—S

書名索引